POLITIQUE

MÉDITERRANÉENNE

Paris. — E. DE SOYE et FILS, imprimeurs, place du Panthéon, 5.

POLITIQUE
MÉDITERRANÉENNE

PAR

A. CHANNEBOT

Deuxième édition

SOMMAIRE

AVANT-PROPOS. — LA MÉDITERRANÉE
L'EMPIRE OTTOMAN ET LES INTÉRÊTS MÉDITERRANÉENS
OÙ EST L'EUROPE? — LE SOUDAN ET LE MONDE MÉDITERRANÉEN
CHRÉTIENS ET MUSULMANS. — CONSTANTINOPLE. — LA QUESTION CHINOISE
LES CHEMINS DE FER CONTINENTAUX
FONDATION D'UNE ÉCOLE LIBRE DU GÉNIE COLONIAL
LA FRANCE ET L'ORIENT MÉDITERRANÉEN
LE « FARA DÀ SE » DE L'ORIENT
UN NOUVEAU MARCHÉ POUR L'EUROPE

PARIS
LIBRAIRIE HENRI ANIÉRÉ. A. BROUSSOIS
4, RUE DUPUYTREN, 4

1880

AVANT-PROPOS

Dire : « Politique méditerranéenne », c'est, il nous semble, caractériser l'avenir de la France, aussi bien que l'avenir de la plus grande partie de l'Europe.

En créant de toutes pièces l'empire allemand, le prince de Bismarck a eu, sans aucun doute, la prétention d'imposer à l'Europe politique un nouvel axe, et de faire converger toutes choses vers Berlin ; mais la pensée du chancelier a une précision trop mathématique pour n'avoir pas certainement entrevu que la France, désormais séparée du Rhin par une barrière de fer, se trouverait ainsi poussée à regarder plus fixement du côté de l'Algérie, et à essayer de retrouver dans le sud des compensations aux pertes qu'elle venait de subir dans l'est.

Or, si la volonté du prince de Bismarck, — avec le concours du maréchal de Molkte, — a fait de l'Allemagne entière une immense place d'armes ; si l'empire allemand est devenu un camp immense, — et il n'est que cela, — par contre, la nature a fait des régions que baigne la Méditerranée la plus magnifique usine, le plus gigantesque atelier de travail qu'il ait été donné jamais à l'homme d'utiliser.

A qui donc doit appartenir l'avenir?

Est-ce au camp? est-ce à l'usine?

Est-ce au canon destructeur, ou bien à l'outil créateur?...

Un jour du mois d'août 1866, celui qui fut le cardinal Antonelli nous fit avec un singulier abandon une confidence vraiment étrange. C'était au sujet de l'exécution alors prochaine de la Convention du 15 septembre. Le cardinal, qui nous écoutait à demi-renversé dans son fauteuil, se redressa tout à coup. Puis, se penchant vers nous, il nous dit à voix basse, mais avec un ironique sourire : « Mon cher, je ne crois, moi, qu'à la force des baïonnettes! »

L'année suivante, une voix sonore laissait tomber du haut de la tribune du parlement prussien cette parole, qui éclata sur toute l'Europe comme un coup de tonnerre : « La force prime le droit. »

Vrai aujourd'hui encore, un tel aphorisme cessera sûrement un jour de l'être. Sûrement, en effet, le travail, à lui seul, finira par dompter la force.

Oui, sûrement l'avenir appartient au travail! Donc, sûrement aussi, l'avenir appartient aux nations méditerranéennes; mais, qu'est-ce que la Méditerranée actuelle auprès de ce qu'elle est destinée à devenir un jour?

Sur une longueur de près d'un millier de lieues, la Méditerranée baigne les rivages de l'Afrique. Tout le monde sait maintenant ce que renferme cet incommensurable continent africain; mais songe-t-on bien à ce que deviendront les régions méditerranéennes de l'Afrique, lorsque de l'Égypte au Maroc, les déserts de Libye et du Sahara auront été vaincus par le travail de l'homme; lorsque, grâce à des voies ferrées, l'immense Soudan aura été mis en communication directe et rapide avec la Basse-Égypte, avec la Tripolitane, avec la Tunisie et avec l'Algérie; lorsque des millions de noirs seront venus apporter aux provinces maritimes de l'Afrique le précieux concours de leurs bras?...

Il semble qu'il ait été réservé à la France de prendre l'initiative de cette lutte contre le désert et de réaliser la première, à travers le Sahara, cette œuvre de haute civilisation, qui doit rapprocher le Soudan des rivages mêmes de la Méditerranée.

L'exemple donné par la France ne peut manquer d'être suivi promptement, car, quoi qu'elle puisse faire en Algérie, il nous paraît certain que la France ne possède pas la clé véritable du Soudan.

Le chemin de fer qu'elle projette aura sans doute pour elle le très précieux avantage de relier ses possessions algériennes à sa colonie sénégalaise. De Tim-Bouktou, ce chemin de fer pourra vivifier tout le Soudan occidental; mais le cœur du Soudan n'est point à Tim-Bouktou. Ce cœur est à Kano; ou mieux encore : le cœur du Soudan est dans la région du Tsâd, *et c'est l'empire ottoman, seul*, qui, par sa province africaine de Tripoli, a sur la région du lac Tsâd un assez facile accès. La route antique des caravanes, à travers la Tripolitane, toute parsemée de ruines phéniciennes et romaines, en demeure la preuve manifeste.

Quiconque considérera la carte de l'Afrique en faisant abstraction de la configuration des divers États entre lesquels se divise la région méditerranéenne de ce continent, quiconque ne voudra voir que l'Afrique physique, se convaincra facilement de ce que nous allons dire : le chemin de fer égyptien, parallèle au Nil et qui doit aboutir à Khartoum, ne peut être qu'un chemin de fer régional. De même, le chemin de fer que la France projette, d'Alger à Tim-Bouktou, ne peut être, lui aussi, qu'un chemin de fer régional.

Le premier, *l'égyptien*, desservira le Soudan oriental dont on peut évaluer la population à quinze millions d'âmes.

Le second, *l'algérien*, exploitera le Soudan occidental, qui paraît peuplé également de quinze millions de noirs.

Quant au chemin de fer, dit « Soudan-Méditerranée » qui traversera la Tripolitane pour aboutir près du lac Tsâd, desservant ainsi des populations évaluées à vingt millions de noirs, celui-là ne sera pas seulement le chemin de fer de la région soudanienne du Tsâd. Placé presque à égale distance des deux autres, c'est-à-dire à 1,500 ou 2,000 kilomètres, soit de la ligne égyptienne, soit de la ligne algérienne, ce chemin de fer sera vraiment la *Tête de ligne* du futur Grand-Central de l'Afrique, le GRAND-

Tronc sur lequel viendront se greffer un jour toutes les autres lignes qui auront à vivifier l'intérieur de cet immense continent.

Il sera en même temps le prolongement vers l'équateur de tout le réseau ferré européen, qui, des ports de la Manche, de la mer du Nord et de la Baltique, se dirige vers le sud en touchant les plus importantes villes de l'Europe, et vient aboutir à Brindisi (1).

Dès 1869, nous avons reconnu l'importance capitale de la ligne antique des caravanes à travers la Tripolitane jusqu'à la région soudanienne du Tsâd. De vive voix, nous en avons exposé tous les avantages à M. Gressier, alors ministre du commerce, et nous sommes heureux et fier que, plus tard, les deux célèbres explorateurs allemands, MM. Nachtigal et Gerhard Rholfs, soient revenus d'Afrique en proposant cette ligne de préférence à toute autre, confirmant ainsi nos personnelles affirmations.

---

(1) La ligne *Soudan-Méditerranée*, du Cap Misratah au lac Tsâd, aura 2,234 kilomètres de longueur. Elle peut être achevée en trois ans. Elle coûtera, au maximum, 250 millions de francs ; mais, au moyen de certaines combinaisons financières qu'il serait prématuré d'exposer en ce moment, ces 250 millions de francs pourraient être remboursés intégralement en moins de dix ans.

Or, de même que la France, la Turquie vient de se voir amoindrie par la guerre; de même que la France, elle doit chercher en Afrique des compensations à ses pertes.

Ce que la France va tenter à travers le Sahara, le sultan Abdul-Hamid doit donc le vouloir tenter aussi à travers sa province africaine de Tripoli. *S'il le faut, l'Europe pour cela lui viendra en aide*, car la question du Soudan est devenue présentement une question méditerranéenne dont toutes les puissances se préoccupent, parce que toutes les nations ont besoin pour leur commerce, aujourd'hui en souffrance, de l'ouverture la plus prompte possible du si vaste, si fertile, si riche et si peuplé Soudan.

Paris, 25 août 1879.

Commencées la veille même de l'ouverture du Congrès de Berlin, les pages qui suivent ont été publiées au cours des incidents politiques de l'année dernière et de l'année présente. Elles expriment nos craintes en même temps que nos espérances. Jusqu'à ce jour, les unes comme les autres ne se sont point encore toutes réalisées.... Dieu veuille que ces craintes s'évanouissent bientôt, et que bientôt aussi ces espérances deviennent des réalités!

POLITIQUE

MÉDITERRANÉENNE

LA MÉDITERRANÉE

26 mai 1878.

La prospérité des populations latines qui habitent sur les bords de la Méditerranée fut profondément atteinte au quinzième siècle par deux événements considérables : le passage du Cap de Bonne-Espérance et la découverte du nouveau monde.

Une grande révolution économique en résulta.

Le commerce prit peu à peu le chemin de l'Atlantique. Gênes, Venise et les autres ports de la Méditerranée entrèrent dans une période de décadence. Cadix, Lisbonne, puis Bordeaux, Londres, Amsterdam, les villes hanséatiques, Liverpool, devinrent successivement les grands centres des relations chaque jour plus multipliées entre le vieux monde et les immenses régions qu'il venait de s'ouvrir tout à la fois dans l'extrême Orient et dans l'extrême Occident.

Aujourd'hui, le dix-neuvième siècle voit se produire un mouvement absolument contraire. La conquête de l'Algérie, l'application de la vapeur à la navigation, la transformation graduelle de l'Orient, l'extension et l'affermissement de la puissance anglaise dans les Indes, et enfin, et surtout l'ouverture du canal de Suez, sont autant de causes qui ont ramené peu à peu dans la Méditerranée l'axe du mouvement commercial, et font d'elle d'une façon définitive LE GRAND CARREFOUR DES NATIONS !

Nous n'allons pas trop loin en disant que le développement des ports de la Méditerranée, la sécurité de ses rivages, la prospérité des nations qui y habitent cessent de plus en plus d'être des questions particulières pour devenir des questions générales, et font revivre dans la Méditerranée une unité d'intérêts semblable à celle qui existait du temps de l'empire romain, et fut sa principale raison d'être.

Cette unité d'intérêts demande une unité, et par là même une entente de vues, dont l'expression et la défense feront toute notre politique.

*
* *

Nous aurons à nous occuper des rapports de nation à nation, et du développement intérieur de chacune d'elles.

En ce qui regarde les rapports de peuple à peuple, nous dirons simplement qu'il ne peut plus y avoir de *main mise* sur la Méditerranée.

Dans les grands conflits de l'histoire, les questions commerciales ont toujours eu leur importance.

Aussi anciennes que les questions religieuses dynastiques ou nationales, elles leur étaient jusqu'ici trop souvent subordonnées. Aujourd'hui nous les voyons apparaître au premier plan, s'imposer dans les discussions politiques, et décider souverainement de la guerre ou de la paix.

L'ÈRE DES CROISADES EST A JAMAIS FERMÉE. Le traité de Paris a scellé sur le terrain des intérêts matériels la réconciliation entre la Chrétienté et le Monde Musulman. Par un accord de toutes les nations européennes, il a efficacement garanti la liberté de la Méditerranée, de jour en jour plus nécessaire. Ni l'Europe ni le monde ne peuvent se faire à l'idée d'une révolution troublant cet état de choses, à l'idée de voir la Russie prédominer dans la Méditerranée.

Nous repousserons, d'un côté, les conséquences que la Russie prétendrait tirer de ses victoires; nous appellerons et nous favoriserons, de l'autre, toutes les réformes reconnues nécessaires, et, quoi qu'on ait pu dire, *très possibles* en Orient.

*
* *

Quant au développement intérieur des peuples qui ont des intérêts permanents dans la Méditerranée, avons-nous besoin de dire qu'à nos yeux, ce développement est lié, pour chacun d'eux, à la pratique éclairée des institutions libérales. Aujourd'hui, 26 mai 1878, il est un fait que nous pouvons constater avec une grande fierté et une grande joie, c'est que chacun de ces peuples adhère à ces institutions avec sincérité et, selon sa situation, attend d'elles sa prospérité ou son salut.

L'Angleterre leur doit son incontestable puissance. La France leur demande l'oubli de ses divisions, aussi funestes que ses défaites, et sa renaissance par le travail et la paix. L'Italie trouve en elles le merveilleux secret de se défendre à la fois contre les entraînements irréfléchis de ses amis, et contre les inflexibles oppositions de ses adversaires. Grâce à elles, l'Espagne ne désespère plus d'accomplir les réformes qui panseront enfin les plaies de ses guerres civiles, et la Grèce, après cinquante ans de tâtonnements et de témérités, finit par les acclimater sur un sol où elles semblaient ne pouvoir plus revivre.

Quant à l'Orient, l'immobile et fatal Orient, sa situation ne se résume-t-elle pas en ce moment dans ces deux faits. Premièrement, le Khédive, par l'abus même du pouvoir personnel, se trouve acculé maintenant à ce dilemme : ou d'introduire dans son administration et dans ses finances l'esprit des institutions libérales, ou de périr. Secondement, le Sultan, une fois la solution russe écartée, devra assurer alors dans ses États, sous le contrôle effectif et efficace de l'Europe, la pratique de la Constitution de Midhat.

Telle sera donc notre politique. Elle n'aura qu'un but : favoriser, pour le bien de tous, l'union, l'essor et le progrès de ce que nous appelons dès maintenant : Le Monde Méditerranéen.

L'EMPIRE OTTOMAN

ET LES INTÉRÊTS MÉDITERRANÉENS

6 septembre 1878.

La vapeur et l'électricité ont établi entre les peuples une solidarité désormais très étroite. Le mal dont souffre l'un d'eux ne tarde guère à devenir le mal de tous, le mal universel.

Si cela est vrai dans l'ordre moral, cela est non moins vrai dans l'ordre physique. Aussi depuis trois ans, la fibre de l'Europe occidentale ne cesse-t-elle de vibrer douloureusement aux échos de la lutte sanglante qui a couvert toute la Turquie d'épouvantables hécatombes. En même temps, les peuples occidentaux se sentent lésés dans leurs intérêts matériels par la prolongation du désordre, qui semble avoir saisi comme une proie l'immense empire des Ottomans.

Encore une fois, l'humanité se trouve donc d'accord avec l'industrie et avec le commerce pour demander hautement, pour exiger impérieusement la fin d'une pareille anarchie. A qui faire une telle demande? A qui signifier une telle exigence?

Est-ce à l'Angleterre, qui est venue fort tardivement s'attribuer le rôle de protectrice de l'empire ottoman? Mais l'Angleterre n'est que co-signataire de ce traité de Berlin qui a en quelque sorte détaché de l'empire turc la Bulgarie, la Bosnie, l'Herzégovine, et cette fraction de l'Arménie où les Lazes paraissent vouloir continuer la guerre. Ce n'est donc pas sur l'Angleterre seule que doit retomber la responsabilité de la lutte qui s'éternise dans ces provinces, ni la responsabilité des massacres qui, chaque jour, les ensanglantent. C'est la diplomatie de l'Europe entière qui a, non pas voulu toutes ces choses, nous l'admettons volontiers, mais qui s'est implicitement reconnue impuissante à les empêcher.

L'excuse de la diplomatie est celle-ci : Toutes préjudiciables que plusieurs de ses décisions soient à la cause du droit et de la justice, ces décisions cependant empêchent, ou pour le moins retardent des malheurs plus étendus, des catastrophes plus complètes. Soit!

De Berlin, la diplomatie a cru pouvoir faire la part du feu. Hélas! cette part nous semble si large, que nous craignons fort de voir l'incendie finir par dévorer tout l'Orient. Puissions-nous nous tromper!

*
* *

Si l'Angleterre ne peut être tenue pour seule responsable de ce qui se passe actuellement en Bulgarie, en Bosnie, en Herzégovine, sur les monts Rhodope et autour de Batoum, il semble qu'il n'en soit pas de même pour les provinces ottomanes que le traité de Berlin a maintenues sous le sceptre d'Abdul-Hamid. L'Angleterre peut, il est vrai, nous répondre qu'elle n'a signé avec le Sultan qu'un « traité d'alliance défensive ; » qu'à Chypre même, elle se considère comme « simple locataire, » selon le mot attribué à Lord Salisbury. L'Angleterre peut dire que l'ambassadeur de la Reine, à Constantinople, n'a le pouvoir de donner que des conseils ; qu'au Sultan seul appartient le droit de gouverner l'empire, et que sur lui seul pèse la responsabilité du maintien des abus dont souffrent depuis si longtemps et si cruellement tous les sujets, sans exception aucune, de l'empire ottoman.

De telles affirmations ne semblent pas admises par tout le monde, car ces jours derniers, le *Journal des Débats* terminait un remarquable article sur les rapports de l'Angleterre avec la Turquie par ce reproche singulièrement précis : « Et tandis que M. Layard, « entouré d'un grand nombre d'admirateurs, s'entend

« dire tous les jours que l'Angleterre a sauvé la « Turquie, les patriotes ottomans, alarmés du main« tien des vieux abus, commencent à se demander « avec anxiété si elle ne l'a pas plutôt perdue (1). »

Comment! la Turquie serait perdue par les conseils de l'Angleterre! Mais ceci est une chose tout à fait inadmissible. D'accord sur ce point avec l'opinion générale de l'Europe, l'Angleterre a reconnu l'impérieuse nécessité de l'existence de la Turquie. A elle, comme à l'Europe, *il faut une Turquie vivace, une Turquie forte.* Ah! nous ne le savons que trop, il y a des gens qui, au nom d'un christianisme douteux, et en tous cas suspect, n'ont pas rougi de prêcher, en plein dix-neuvième siècle, une nouvelle croisade contre l'islamisme. Il y a des sectaires qui ont osé réclamer le refoulement du peuple turc jusque dans les déserts de l'Arabie. Il y a des fanatiques qui ont prêché « la guerre sainte, » au risque de provoquer un ébranlement général du monde musulman, depuis les rives asiatiques du Gange et de l'Indus, jusqu'aux extrémités africaines de l'empire du Maroc. Mais l'opinion publique, en Europe, a fait justice de ces déclamations. On a passé au crible de l'examen la prétendue incompatibilité absolue des dogmes musulmans avec la société moderne.

On a constaté que la morale du Coran, prise dans son ensemble, n'était point du tout immorale. Sans

(1) *Journal des Débats*, 29 août 1878.

s'élever jusqu'aux sublimités de l'Évangile, Mahomet, comme avant lui Confucius, Bouddha, Çakia-Mouni, Moïse et Platon, a largement puisé dans le réservoir mystérieux de la morale universelle.

*
* *

A ceux qui ont parlé du dogme de la fatalité, on a répondu que sans doute ce dogme doit émousser singulièrement l'activité humaine, mais qu'il n'était pas du tout prouvé que les peuples fatalistes fussent, par cela seul, réfractaires à tout progrès.

L'histoire nous le dit, en effet : dans d'autres temps que celui-ci, d'autres peuples que le peuple turc, mais des peuples musulmans comme lui, ont cultivé avec honneur les sciences, les arts et les lettres. Puisque la dernière guerre, en donnant à la Turquie les Balkans pour frontière, a fait de l'empire ottoman une puissance exclusivement méditerranéenne, il nous plaît de rappeler ici, en quelques mots, ce que fut, dans les premiers siècles de l'islamisme, cet immense empire musulman des Khalifes de Bagdad, qui, des bords de l'Euphrate, s'étendait sur toute l'Afrique septentrionale, jusqu'à ce détroit fameux que les anciens avaient nommé « les Colonnes d'Hercule. »

Rien n'est plus curieux, rien n'est plus instructif que la lecture de l'histoire de ces règnes de gloire et de prospérité. Certes, notre siècle a le droit d'être fier des progrès qu'il a accomplis dans l'ordre matériel. Eh bien! plusieurs de ces progrès, et des plus importants, ont été conçus et réalisés sur cette terre d'Asie, sur cette terre d'Afrique, alors que l'Europe entière en restait privée. A cette époque, aujourd'hui si loin de nous, toute la côte méditerranéenne de l'Afrique fut hérissée de nombreuses tours à fanaux, et, disent les historiens, il suffisait d'une seule nuit pour transmettre un ordre de Bagdad même au détroit de Gibraltar. Alors l'Arabie et l'Afrique virent fonctionner non seulement la poste aux chevaux, mais même la poste aux pigeons. Les Khalifes firent aussi ce que, seuls avant eux, les Carthaginois avaient pu faire. Ils eurent des armées de noirs, et ces noirs venaient du Soudan (1).

*
* *

On fait un reproche au Coran de maintenir la polygamie. Loin de nous, bien loin de nous la pensée d'approuver d'une manière absolue l'antique institution du Harem! Aujourd'hui, que les lois sur le mariage sont si vivement attaquées en France, nous tenons à le proclamer hautement : le mariage, tel que le comprend le monde chrétien, est la plus sé-

(1) Ibn-Khaldoum. *Histoire de l'Afrique.*

rieuse, la plus féconde des institutions sociales ; il est le palladium de la famille ; mais notre société moderne est entraînée sur une pente telle, qu'il semble que ce mariage « selon l'Eglise » soit à la veille de disparaître. Les avortements, les infanticides, le concubinage, l'adultère, l'inceste, et la hideuse prostitution, sont les crimes et les vices, trop nombreux, hélas ! qui déshonorent notre société occidentale. De ces maux, le harem préserve l'Orient.

Hâtons-nous d'ajouter que quelques peuples musulmans, comme les Kabyles d'Algérie, sont restés monogames. En Turquie même, depuis la réforme du Grand Mahmoud, des Turcs de haute classe ont tenu à n'avoir qu'une seule femme. Et puis, partout, par nécessité, sinon par vertu, le bas peuple, le paysan doit se contenter d'une seule épouse, n'en pouvant pas nourrir plusieurs. Car Mahomet n'a pas commandé la polygamie ; il s'est contenté de la permettre ; mais la permettant, il l'a régularisée.

La polygamie a donc son code ; grâce à lui, la femme trouve dans le harem des garanties d'un ordre très inférieur, nous le reconnaissons, mais enfin des garanties qui l'empêchent de songer au suicide, ou de tomber dans l'abîme de la prostitution. Quant à l'enfant, quelle que soit sa mère, il n'entre pas dans la vie avec cette tache que nos mœurs occidentales impriment à quiconque naît hors mariage. Parmi les titres dont se parent volontiers les Sultans, il en est un tout à la fois très concis et très significatif : c'est celui de « Fils de l'Esclave ! »

*
* *

Ce n'est donc pas tant comme musulmans, que comme ottomans, qu'on a voulu déclarer ceux-ci indignes de fouler plus longtemps le sol de l'Europe et celui de l'Asie Mineure. La Turquie doit disparaître, a-t-on dit, parce que les Turcs sont réfractaires au progrès. Ils n'ont jamais été que « campés » en Europe. « Qu'ils décampent » !...

Ceci a été facile à dire; mais lorsqu'il s'est agi de forcer les Turcs à « décamper, » les Turcs ont résisté. Ils se sont battus, et battus si bien, que les Russes eux-mêmes, lors de la reddition de Plewna, voulurent rendre hommage à leur vaillance. En saluant Osman et les nobles débris de son armée par leurs bravos enthousiastes, peut-être les Russes n'ont-ils cédé qu'à un généreux mouvement de vainqueurs. Dans tous les cas, ils ont donné ainsi à leurs bons amis les Allemands une leçon indirecte de convenance. — Mais les bravos des Russes ont été suivis des bravos de toute l'Europe.

Cet hiver, est mort presque subitement, frappé par la « febbre romana, » un prince à qui l'histoire, dans sa justice, fera sans doute de très graves reproches, mais à qui sûrement elle maintiendra ce titre de Roi-Soldat, que ses contemporains lui ont donné. On raconte que, quelques jours avant sa mort, Victor-Emmanuel reçut en audience la Légation Ottomane. Avec cette grosse voix et de ce ton bourru qu'on lui a si bien connus, le roi dit au jeune et sympathique ministre Turhan-Bey : « Osman est un grand homme! « Vous nous envoyez vos officiers! Mais c'est nous qui « devrions vous envoyer les nôtres, afin qu'ils s'ins- « truisent auprès de vous des choses de la guerre! »

Donc d'une voix unanime, voici les Ottomans réhabilités par les armes. Or, à quels signes, de nos jours, reconnaît-on une grande nation? Cela est sans doute triste à dire, mais n'est-ce pas presque exclusivement à ses qualités militaires? Alors les Turcs, qui viennent de montrer les plus brillantes et les plus solides qualités du soldat, ne peuvent pas être déclarés indignes de former une nation, et même une grande nation.

***

Sans doute, ceci est maintenant admis, et encore d'autant plus facilement, qu'en sus de ses belles qualités militaires, le corps de la nation ottomane est animé aussi des vertus qui font réellement les grands peuples. « Personne n'ignore, disent *les Débats*, que la « race turque est une des races les plus honnêtes, les « plus loyales et les plus fidèles aux engagements qui « existent, non-seulement en Orient, mais en Europe.

« Par malheur, la tête est aussi pervertie que les « membres et le tronc le sont peu. » Or, dit le proverbe oriental, « c'est toujours par la tête que pourrit le poisson. » La tête actuelle de la nation turque, ce n'est pas, comme on le pourrait penser, le Sultan, c'est la *bureaucratie.*

La bureaucratie ! Voilà le grand ennemi de l'Orient, l'ennemi des musulmans aussi bien que l'ennemi des chrétiens. La bureaucratie s'est tout doucement substituée, depuis Mahmoud, au despotisme des Sultans ; mais elle a continué sous une nouvelle forme l'ancien despotisme. Or, quelque forme qu'il revête, le despotisme, toujours mauvais en soi, ne peut donner que de mauvais fruits. C'est la bureaucratie qui, depuis trente ans et plus, annule en Turquie tous les bienfaits de la Réforme (1).

Le remède contre le despotisme d'un seul n'est presque toujours que dans l'insurrection, dans la révolte. Le remède contre le despotisme anonyme d'une bureaucratie ne peut être que dans le retour aux vrais principes en fait de gouvernement, dans l'institution ou dans la restauration du *Contrôle*, dans l'organisation du *Self-Government.*

La bureaucratie a perdu Abdul-Aziz, et faillit perdre alors l'empire lui-même. Le jour où Abdul-Hamid pro-

(1) Nous tenons de source certaine que la bureaucratie en Turquie a toujours compté beaucoup de chrétiens. Peut-être même, aujourd'hui, les chrétiens y sont-ils plus nombreux que les musulmans.

mulgua la constitution élaborée par Midhat, ce jour-là le nouveau sultan mérita le titre de « premier patriote de l'empire. » Les Russes l'ont compris si bien, que leur première exigence fut le renvoi du parlement ottoman, et la suspension de la constitution. Raison de plus pour que les amis et les alliés de l'empire souhaitent voir le sultan appliquer de nouveau la constitution qu'il avait donnée à ses peuples!

*
* *

Tel doit être le conseil que lord Beaconsfield fait donner en ce moment au sultan. Son esprit, qui lui a dicté déjà des coups si hardis et si heureux, lui a fait sûrement percevoir dans l'application de la constitution ottomane le sérieux apaisement de l'Orient.

Le *Self-Government* est le système le plus rationnel et le plus fécond que l'expérience ait enseigné aux hommes. Il procède de la « coutume » et il renferme tout progrès. Avec lui, l'État devient fort, mais la Commune reste libre.

Le *Self-Government* est aussi réfractaire au despotisme déclaré d'un seul, qu'à la tyrannie sournoise d'un parti. Il est l'unique barrière qui puisse efficacement résister aux envahissements de la bureaucratie, et à l'anarchie quasi-légale que ne manque jamais d'amener le prédominance des « avocats » dans les affaires publiques.

2

Le *Self-Government*, qui fait la grandeur et la prospérité de l'Angleterre, convient mieux qu'on ne se l'imagine généralement à ces contrées habitées par tant de races différentes. Que demande toutes ces races? La liberté, afin de pouvoir profiter des fruits de leur travail.

C'est aussi ce que demande pour elles l'Occident. Les nations méditerranéennes, en particulier, ont un intérêt majeur à voir ces fertiles contrées de l'Orient cultivées en paix.

LA LIBERTÉ POUR L'ORIENT! LA PAIX ET LE TRAVAIL POUR TOUS! Voilà le vœu de l'Occident.

OU EST L'EUROPE?

25 septembre 1878.

Après avoir quitté, il y a plus de vingt mois, Constantinople, Midhat-Pacha débarqua à Naples. D'Italie, il se transporta en Espagne, séjourna quelque temps à Paris, puis se rendit enfin en Angleterre. On raconte qu'à Londres, un soir que son salon était rempli de monde, M. X., membre de la Chambre des Communes, l'interpella en lui disant : « Altesse, vous « venez du continent. Qu'avez-vous vu en Europe ? » — « L'Europe ! répondit Midhat. Où donc prenez-« vous l'Europe? En Italie, j'ai vu des italiens. En « Espagne, j'ai vu des espagnols. A Paris j'ai vu « des français; mais nulle part je n'ai vu l'Europe. « C'est comme ici même, à Londres, je vois bien des « anglais; mais je ne vois pas l'Angleterre ! »

Depuis, lord Beaconsfield étant devenu premier ministre, l'Angleterre est apparue; mais l'Europe. Le mot de Midhat n'est-il point encore de saison? Où est l'Europe?

Hélas! cette exclamation d'un ottoman, nous autres, français, nous l'avions déjà poussée. Lorsqu'en 1871, écrasés dans une guerre qu'un ennemi plein d'astuce et d'audace avait préparée de longue main et rendue fatale, nous dûmes subir les inexorables exigences de nos vainqueurs, et céder l'Alsace et la Lorraine, la France alors s'écria d'une voix lamentable : « Où donc est l'Europe ? » — Mais de même qu'à Midhat, personne ne lui put répondre, et sa voix s'éteignit dans un silence de mort.

Qu'est-ce donc que l'Europe ? — Géographiquement, l'Europe est une des cinq parties du monde. — Politiquement, l'Europe est une sorte de tribunal devant lequel les peuples, victimes d'une oppression intérieure ou extérieure, ont le droit de faire appel.

Ce tribunal, c'est l'opinion publique, instantanément avertie de tout par le télégraphe, et journellement éclairée sur toute chose par la presse. Lorsque, réunie en congrès, la diplomatie des puissances formule ses décisions en accordant satisfaction au droit, à la justice, l'opinion publique de l'Europe ratifie ses sentences, et leur donne, pour ainsi dire, la vie ; mais lorsque la diplomatie, méconnaissant la justice, prétend imposer des décisions qui blessent des droits sacrés, l'opinion publique de l'Europe, repoussant ces sentences, les frappe ainsi virtuellement de nullité. Car, en notre siècle, une souveraineté invisible, intangible, mais très réelle, plane au-dessus des potentats, empereurs et rois, aussi bien qu'au-dessus des républiques. Cette souveraineté, c'est l'opinion générale, l'opinion universelle, en laquelle s'incarne, pour ainsi dire, la conscience de l'humanité. L'opinion est vraiment de nos jours, et ne cessera jamais plus d'être, la seule reine du monde, devant laquelle tous, désormais, doivent s'incliner et finir par se soumettre.

*
* *

Sans doute, il arrive parfois que le télégraphe et la presse trompent l'opinion au lieu de l'éclairer. Souvent, ce sont des loups-cerviers de la Bourse qui, tablant sur l'incurable crédulité de cette race particulière que le vulgaire, dans son jargon, appelle « les Gogos », s'ingénient, par toutes sortes de mensonges, à rafler des millions. Si quelquefois ils réussissent, presque toujours c'est en police correctionnelle qu'ils viennent échouer.

Souvent, très souvent même, ce sont des ambitieux qui, pour les besoins d'une politique machiavélique, font lancer à travers le monde de ces fausses nouvelles qui ont parfois des conséquences terribles. La presse étant reconnue une puissance, on comprend que les ambitieux s'efforcent, par tous les moyens, de la plier à leurs desseins; et comme notre siècle tient à progresser en tout, il est advenu que la science politique s'est enrichie de procédés singulièrement perfectionnés.

Depuis quelques années déja, l'Europe entière connaît, par les protestations du parlement allemand, quel emploi il est fait des revenus du patrimoine royal de Hanovre, et à quoi sert le trésor auquel on a donné le nom de *reptilenfund*, « le fonds des reptiles. » Mais tous ces procédés, toutes ces manœuvres, ne peuvent troubler et dérouter l'opinion publique que momentanément. Bientôt, comme la lance d'Achille, la presse, par la continuité de son action, guérit les blessures qu'elle-même a faites à la vérité. Possédant enfin toutes les pièces du procès, l'opinion publique les étudie, les épluche et les médite. Puis elle juge... et toujours son jugement est la justice même.

*
* *

Peu importe à l'opinion publique les faits accomplis! Lorsqu'elle estime qu'ils blessent la justice, elle proteste; et contre la protestation de l'opinion, aucune prescription ne peut être valablement opposée.

C'est ainsi que l'opinion générale de l'Europe ne cesse de protester contre le crime de lèse-nation, commis, il y a déjà plus d'un siècle, sur l'infortunée Pologne. C'est ainsi que, malgré tous les traités, l'opinion publique ne cesse de protester contre l'annexion violente du Schleswig, contre celle du Hanovre, contre celle de l'Alsace-Lorraine, et contre celle de Rome.

Depuis douze ans, l'opinion publique reste fidèle aux danois. Dans la question du Hanovre, comme dans la question de l'Alsace-Lorraine, l'opinion est toujours contre les Prussiens; et dans la question de Rome, elle n'est point encore du côté des italiens.

*
* *

Ce serait une erreur de croire qu'il n'y a que les catholiques qui, au sujet de l'annexion de Rome, blâment l'Italie. — Les catholiques sont, du reste, assez nombreux pour que leur blâme ne soit pas sans valeur, ni sans poids. — Mais beaucoup, en Europe, qui ne sont pas catholiques, s'unissent néanmoins à ceux-ci pour protester contre l'annexion violente du patrimoine du Saint-Siège.

Il se peut que le pouvoir temporel de l'Église ait sombré pour ne se relever plus. L'Église en souffrira peut-être longtemps encore; mais un jour viendra où elle cessera d'en souffrir. Beaucoup de catholiques, redoutant pour elle un affaiblissememt, gémissent de cette spoliation. D'autres s'en réjouissent, pensant voir ainsi l'Église frappée à mort. Le véritable intérêt de l'Italie n'est certainement pas de réaliser les désirs de ces derniers...

Après avoir dépouillé le Saint-Siège, le gouvernement italien promulgua, en faveur de la papauté, ce qu'il a appelé « la loi des garanties. » Il paraît qu'à Berlin, la diplomatie italienne s'est leurrée un instant de l'espoir de faire viser cette loi par le congrès, et d'obtenir ainsi le paraphe de l'Europe. Mais alors même que la diplomatie de toute l'Europe eût contresigné cette loi, tant que le pape ne l'aura pas acceptée, le monde catholique continuera de protester en faveur du Saint-Siège, et partout, même en dehors de lui, il trouvera des adhérents à cette protestation.

Or, il semble impossible que le pape accepte jamais une telle loi. Cet état de choses, en apparence très périlleux pour la papauté, est au fond plus périlleux encore pour l'Italie elle-même...; mais heureusement, nous ne sommes plus à l'époque où un cardinal Antonelli dirigeait les affaires du Saint-Siège. « Antonelli, le péché de Pie IX ! » disait souvent le caustique et très rancunier Mérode.

Un jour, à Rome, nous avons entendu le duc M..., ancien collégue du cardinal, ministre libéral du pape, mort depuis, toujours dévoué à Pie IX, nous faire dans une seule phrase singulièrement juste, sous sa brutalité en apparence exagérée, le portrait de ce cardinal qui fut si longtemps le secrétaire d'état de la « papauté, et presque le roi de Rome : *Questo non sa* « *niente, questo non legge niente, questo non im-*

« *para niente! Ma questo ha l'ingegno naturale del* « *paese ove è nato il cardinale!* » « Celui-là ne sait « rien, celui-là ne lit rien, celui-là n'apprend rien! « Mais celui-là a l'esprit naturel du pays où il est né, « le cardinal! »

On assure que, désabusé depuis longtemps sur le compte d'Antonelli, Pie IX, apprenant que celui-ci était arrivé à ses derniers moments, s'écria en levant les mains vers le ciel : *Dio! Costui non pensa all' anima sua!* » — « Dieu! le malheureux ne pense pas à son âme! »

Comme s'il avait voulu justifier cette exclamation du pape, Antonelli moribond ne cessa pas, en effet, d'avoir les yeux fixés sur le coffre où il avait entassé les valeurs mobilières « au porteur » provenant de la vente de ses propriétés. Il expira enfin en murmurant : « *Le chiavi! Le chiavi!* » — « Les clés ! » — De sa vie tout entière, bien digne mort!

Aujourd'hui, le Sacré-Collége est venu donner pour successeur au doux et saint Pie IX, un pontife d'une forte envergure politique. Si l'âme de Léon XIII est *toute* à l'Eglise, comme italien, son cœur ne cesse de battre pour la patrie italienne. L'heure est donc venue pour les Italiens de méditer sur leurs devoirs... et cela, dans l'intérêt même de l'Italie.

*
* *

A l'époque où il semblait vouloir continuer la politique inaugurée par M. Thiers, M. Gambetta, du haut de la tribune, recommanda au gouvernement de ne s'aliéner point « *la clientèle catholique* » que les siècles passés ont dévolue à la France. Aujourd'hui, il plaît à M. Gambetta de tenir un langage tout autre. Le manque de suite dans la pensée, et le défaut de mesure dans la parole sont pour tout homme de graves défauts; plus graves encore sont-ils pour un orateur politique qui aspire au rôle d'homme d'état. Le leader favori de la foule nous paraît avoir encore singulièrement besoin des leçons de science politique que lui pourrait donner son éminent collègue de la gauche, M. Littré. Si, comme catholique, nous ne voulons pas accepter toutes les idées philosophiques du disciple d'Auguste Comte, il ne saurait cependant nous déplaire de rendre ici un juste hommage à la profondeur de la science historique du vénérable M. Littré, et à la sereine impartialité de ses jugements sur les phases nombreuses qu'à déjà parcourues l'histoire.

M. Gambetta reconnaîtrait, par cette étude, qu'il est vraiment indigne d'un homme politique de chercher, ainsi qu'il vient de le faire, à soulever les passions populaires.

M. Gambetta se croit-il donc désormais tellement fort qu'il les puisse apaiser à son gré? Aurait-il donc déjà perdu le souvenir des massacres de la Roquette et de la rue Haxo?

Ne se rappelle-t-il donc plus l'indignation patriotique, qu'il a lui-même éprouvée si vivement, en voyant le rôle, plus que modeste, auquel se sentirent réduits, pendant le congrès de Berlin, les plénipotentiaires de la République française?

Ne sait-il donc rien de ce qui se passe en Europe?

*
* *

Lors de son entrée au ministère, il y a neuf mois, M. Waddington a dit un mot malheureux : « La France ne recherche pas d'alliance. » Ceci était à l'adresse de l'Angleterre, qui nous faisait à cette époque des ouvertures en vue d'un accord au sujet des affaires orientales.

Il n'est pas permis à une nation de premier ordre de refuser une alliance. Les alliances ne sont un danger, parfois, que pour les faibles; mais une grande nation ne peut trouver jamais que des avantages dans une alliance, soit avec un petit peuple, soit à plus forte raison avec une autre grande nation.

Il est regrettable que le gouvernement français n'ait pas voulu comprendre cela, il y a neuf mois, et qu'il ait laissé, en s'abstenant, l'Angleterre pourvoir seule aux intérêts généraux de l'Europe. Alliée à la France, l'Angleterre n'aurait pas pu subordonner à ses intérêts particuliers les intérêts généraux tant de l'Orient que de l'Occident lui-même. Mais si notre ministre des affaires étrangères a été mal inspiré, lorsqu'il repoussa à cette époque les ouvertures de lord Beaconsfield, en revanche, le premier plénipotentiaire français a tenu à Berlin le langage le plus sensé et le plus correct, lorsqu'il a dit : « La France doit sortir du Congrès les mains nettes. »

La politique des mains nettes! Pour l'honneur du dix-neuvième siècle, espérons que cette politique finira par triompher de la politique à triple tiroir des grands chanceliers. Mais cette politique « des mains nettes » ne doit pas du tout exclure les alliances. Nous dirons plus : les alliances seules peuvent lui donner une sanction. *Il ne suffit pas de ne prendre rien pour soi-même; il faut encore interdire aux autres de prendre, et au besoin les en empêcher.*

*
* *

Si, en 1870, l'Europe a manqué à la France, depuis 1870 c'est la France qui manque à l'Europe. Dans un discours d'une haute éloquence, et d'une raison plus haute encore, M. Jules Simon vient précisément de rappeler avec orgueil le titre même, si bien mérité, de l'histoire de nos ancêtres : « *Gesta Dei per Francos.* »

Militairement, la France est suffisamment réorganisée; mais, politiquement, il n'en est point encore de même. — Et c'est là, hélas! depuis longtemps son côté faible. — Fort heureusement, à peine M. Gambetta venait-il de verser dans la vieille ornière jacobine, que M. Jules Simon s'empressait de relever, et d'arborer plus haut que jamais le drapeau de la *République-conservatrice*, autour duquel, en dépit de toute malsaine agitation, l'opinion publique en France continuera de se tenir groupée.

N'en déplaise à M. Weïss, la République-conservatrice n'est point du tout « une bêtise, » par cette raison vraiment péremptoire qu'elle *seule* est possible actuellement, et peut être durable. Il n'y a pas en France que des jacobins.

La République est essentiellement un gouvernement de raison. C'est pourquoi, en face de certaines puissances chez lesquelles l'*exécutif* est si fortement organisé, les républicains-conservateurs français devront se garder bien d'affaiblir trop ce rouage essentiel de tout gouvernemeut.

Il faut que la France soit toujours prête à toute éventualité dans son intérêt particulier, aussi bien que dans l'intérêt général de l'Europe.

*
* *

Le 30 juin dernier, les parisiens voulurent célébrer ce que l'on a appellé « la Fête de l'Exposition universelle. » Au milieu de l'innombrable multitude de drapeaux, de fleurs et de girandoles enflammées, dans la plus large voie du vieux Paris, en face même de cet hôtel historique de Sully qu'habita le sage conseiller d'Henri IV, l'inspirateur de ce « *Grand-Dessein,* » qui, sans le couteau de Ravaillac, aurait couronné la gloire de la France, et peut-être assuré pour longtemps la paix du monde, l'on a pu voir deux mâts supportant les écussons de la Ville de Paris, reliés par une large banderolle aux couleurs nationales, sur laquelle on lisait, d'un côté, ces trois mots : « Paix, Travail, Liberté ; » et de l'autre cette devise : « Aimons-nous les uns les autres ! »

Puisse cette devise, inspirée par « le divin Rédempteur, » dicter toujours la conduite des hommes politiques qui ont assumé la charge de gouverner les peuples !

Puissent ces mots, PAIX, TRAVAIL, LIBERTÉ, devenir, pour tous ceux qui souffrent en Europe une triple réalité !

LE SOUDAN

ET LE MONDE MÉDITERRANÉEN

I

11 octobre 1878.

La science géographique a, de nos jours, une grande inconnue à dégager, et la gloire du dix-neuvième siècle paraît attachée à une telle entreprise. C'est la connaissance exacte et complète des immensités du continent africain.

En même temps, le commerce général des nations a un très puissant intérêt à la régularisation et à l'extension des échanges avec des populations évaluées, dans le *Mitheilungen*, à près de deux cents millions d'êtres humains, vivant sur une terre riche de tous les produits des pays équatoriaux.

De son côté, gémissant des horreurs de la *traite* faite par d'avides marchands arabes sur cette race noire, qu'ils appauvrissent chaque année, d'après les documents les plus sérieux, d'un million de ses enfants, l'humanité s'efforce de circonscrire ce trafic infâme, et d'arriver peu à peu à le rendre absolument impossible.

Enfin, la politique se préoccupe déjà à bon droit des conséquences inévitables de ces efforts multipliés et constants de la science, du commerce et de l'humanité.

*
* *

Nous laisserons de côté, pour le moment, l'Afrique australe. La découverte des grands lacs qu'Hérodote avait clairement désignés sous le nom de « fontaines du Nil », les récits si attachants de cet admirable pionnier de la civilisation, l'austère et pieux Livingstone, les expéditions si merveilleuses de MM. Cameron et Stanley sur le Congo, ont eu pour résultat de passionner l'opinion publique, et de provoquer la formation de cette grande *Société Africaine*, dont le roi des belges a tenu à honneur de se faire le créateur. Nous voulons ne parler ici que de cette partie de l'Afrique centrale qui est au nord de l'équateur, et que l'on désigne communément sous le nom de Soudan, — Beled-ès-Soudan, — « pays des Noirs. »

*
* *

Qu'est-ce que le Soudan? — Pour définir le Soudan, M. Duponchel, ingénieur en chef des ponts-et-chaussées, a trouvé une comparaison très exacte et très heureuse. « Le Soudan, dit-il, est une Inde véritable; mais « une Inde sans débouchés, une Inde *retournée*. »

En effet, si le Nil à l'Orient et le Niger à l'Occident traversent les deux extrémités du Soudan, par contre au nord, sur une longueur de près de 5,000 kilométres, les déserts de Libye et du Sahara opposent les plus grands obstacles aux communications, entre la région soudanienne et cette partie de l'Afrique que baigne la Méditerranée. Cependant, la nature a permis que, sur quelques points, des bouquets d'oasis émergeassent de cette immense mer de sable. Ces oasis sont habitées par les Tebbous et par les Touaregs.

De race berbère, ces tribus se sont constituées les convoyeurs des caravanes qui, en dépit de tous obstacles et de tous dangers, vont porter dans le Soudan quelques produits manufacturés de l'Europe, et rapportent, en échange, les produits soudaniens, tels que le « henné, » par exemple, dont on fait en Turquie, et surtout en Asie, un si grand usage.

*
* *

Grâce à ces oasis, qui forment étapes, le désert devient franchissable. Sur la carte, elles constituent des jalons qui permettent de fixer les routes suivies par les caravanes. La première de ces routes, à l'est, part de Kobbé, capitale du Dar-For, traverse les oasis égyptiennes de Sid-Semit et de Aïn-Cheb, et vient toucher le Nil à Syout.

La seconde route, prenant naissance sur les bords du lac Tsâd, aboutit à Tripoli, en passant par le Fezzan. La troisième, partant du grand marché soudanien de Kano, traverse les oasis de Ahir et du Hoggar, touche Ghâdamès, et aboutit à Tunis. La quatrième, partant de Tim-Bouktou, conduit à Mogador, dans le Maroc, en passant par les oasis de Walata, Wadan, Agouatit et Sakiet-el-Hamra.

De ces routes, la seconde, celle qui du lac Tsâd aboutit à Tripoli, a environ 2,200 kilomètres de longueur. Plus facile à suivre, plus courte que les autres, et plus centrale par rapport à l'Europe, elle exige cependant, pour être parcourue, de trois à quatre mois, et cela dans la meilleure saison. Si, d'autre part, l'on réfléchit que le *seul* véhicule *actuellement* possible, le chameau, ne porte que des marchandises peu encombrantes et de peu de poids, — au maximum 150 kilogrammes, — on comprendra facilement combien d'obstacles s'opposent au développement des relations commerciales de l'Europe avec le Soudan.

*
* *

Cependant le Soudan est réellement tel, qu'il mérite vraiment que l'on s'occupe de l'ouvrir complétement au commerce des nations européennes. Sa superficie est plus de douze fois celle de la France, sa population n'est pas moindre de 35 millions d'âmes. Le docteur Pétermann, dont la science géographique déplore en ce moment la perte, porte cette population à un chiffre supérieur. Divers voyageurs vont même jusqu'à estimer que le Soudan pourrait bien contenir 70 à 80 millions de noirs.

Soumis à l'action des pluies tropicales, le sol du Soudan est d'une fécondité admirable. Les rivières soudaniennes, comme le Benoüé, le Faro, le Waoubé, et le Shari, qui, par le volume de leurs eaux, sont de véritables fleuves, ont toutes, ainsi que le Nil et le Niger, une crue annuelle que Barth a constaté s'élever de 12 à 16 pieds. Quant aux productions de la terre, le blé, le millet, le sarrasin, le riz, le café, le poivre, le coton, le cacao, la canne à sucre, tout, enfin, y pousse à l'envi.

Les explorateurs sont unanimes pour signaler le bas prix de toutes les choses, dans le Soudan. Aussi, pour leurs besoins journaliers, les Soudaniens ont-ils été forcés d'inventer une monnaie d'une valeur infiniment minime. Ce sont des bandelettes de coton et des coquillages appelés « cauris » ou « kourdis. »

Sur le grand marché de Kano, le plus considérable de tout le Soudan, 2,500 kourdis sont donnés pour un florin d'Autriche ou un écu d'Espagne. — Cette dernière monnaie sert souvent de parure aux femmes. — Sur le marché de Kouka, dans les années moyennes vingt livres de blé ne coûtent qu'une quantité de kourdis équivalant à vingt-cinq centimes. Le blé vaut donc un peu plus d'un centime la livre.

Le docteur Barth, qui a parcouru le Soudan dans tous les sens, traînait avec lui de nombreux bagages, parmi lesquels un bateau tout démonté, fabriqué en Europe, et qui permit à Owerveg, son compagnon, d'explorer le lac Tsâd et ses îles. Barth distribua partout aux chefs des peuplades de nombreux présents. Cependant, les frais de son voyage, et ceux de Richardson et Owerveg, en y comprenant le payement de deux mille thalers, dûs par l'expédition qui les avaient précédés, ne s'élevèrent, *pour six ans*, qu'à la somme totale de dix mille thalers, 37,500 fr.

L'éminent et regretté Jules Duval, dont les travaux, en ces matières, font autorité, résume ainsi son opinion sur le Soudan : « Les produits européens « acquièrent au Soudan une valeur triple, tandis que « l'or reçu en échange n'est compté que pour un tiers « de la valeur qu'on lui attribue en Europe. Quant à « l'importance du débouché qu'ils peuvent y trouver,

« les calculs les moins hypothétiques qui aient été « faits évaluent la superficie du pays représenté par la « région septentrionale de l'Afrique centrale à douze « fois l'étendue de la France, la population à 36 mil- « lions d'habitants, et le mouvement commercial « actuel à 500 millions de francs. »

*
* *

« Les Soudaniens, dit le comte Escayrac de Lau- « ture, soumis à une religion qu'ils connaissent mal, « aveuglés par mille superstitions, sont cependant « plutôt bons que méchants. Ils ont les défauts et les « qualités de tous les peuples barbares. Naturelle- « ment vaniteux, ils sont colères, violents, et prêts à « abuser de la force, faisant peu de cas de la vie « humaine. Cependant, ils sont prompts à s'apaiser, « faciles à diriger ou à conduire, ennemis de la ruse, « à peu près ignorants de la trahison... »

De son côté, Livingstone, parlant de certaines peuplades de la Nigritie australe, s'écriait souvent : « Cette race est bonne! » Barth, qui a vécu six ans au milieu des Soudaniens, admirait beaucoup leurs mœurs domestiques. « On ignore généralement en « Europe, a-t-il écrit, les bons rapports des époux « entre eux dans ces contrées!... La paix domestique « règne dans le Soudan. » — Malheureusement seule elle y règne.

*
* *

L'industrie au Soudan, très limitée, y est assez inférieure. Quelques ornements en or et en cuivre, la fonte du minerai de fer, la tannerie des peaux, en laquelle les Soudaniens excellent, la teinture de quelques étoffes de coton, de laine et de soie, voilà à peu près tout l'art des Soudaniens, toute leur industrie.

Quant à leur commerce, il se ressent de l'insouciance de la race noire. Les pluies ont-elles été abondantes, la récolte copieuse, le nègre vit grassement sans se soucier de l'avenir; et si, d'une part, l'on remarque que les Soudaniens ne sortent jamais, pour ainsi dire, librement de leur pays; si, d'autre part, l'on réfléchit à toutes les difficultés qu'éprouvent les Européens à pénétrer dans la région soudanienne, soit en faisant l'énorme circuit maritime qui les porte à l'embouchure du Niger, pour de là remonter le cours interminable du fleuve, soit en se hasardant à travers les déserts du Sahara ou de Libye, parcours de cent à cent cinquante journées de marches, souvent périlleuses et toujours très pénibles, soit enfin en remontant à travers l'Égypte jusqu'à Khartoum, pour de là pénétrer dans le Dar-For et dans le Wadaï, ce qui exige quatre à cinq mois de voyage et de fatigues incessantes, on s'explique parfaitement l'insignifiance actuelle du commerce extérieur du Soudan, par rapport à sa population, à son étendue et à sa richesse.

Ce n'est pas tout. L'ignoble trafic que, de connivence avec la plupart des chefs des tribus soudaniennes, d'infâmes marchands arabes font presque impunément sur l'infortunée race noire, n'est pas seulement une monstrueuse offense à l'humanité. Par l'état de guerre que machiavéliquement ils y perpétuent, les Arabes trafiquants de chair humaine, étouffant ainsi tout effort vers le progrès, maintiennent le Soudan dans la barbarie; et comme si la traite ne suffisait pas pour le malheur du Soudan, de leur côté, les Tebbous et les Touaregs, voulant rester seuls pourvoyeurs de toute la région soudanienne, prennent à tâche de dégoûter les commerçants européens du désir de pénétrer dans le Soudan.

Aussi, après ce que nous venons d'exposer le plus brièvement possible, nous concluerons comme il suit, — et l'opinion publique nous l'espérons, concluera de même : — *Il est temps de faire cesser cette sorte de sequestre mis par des barbares avisés sur un territoire aussi peuplé et aussi fertile que le Soudan.*

Il faut désormais que le Soudan soit ouvert d'une manière permanente, et en quelque sorte indestructible, tout à la fois aux hommes et aux choses, au commerce comme à la civilisation.

Or, pour triompher des obstacles venant soit de la nature, soit des hommes, la science a, de nos jours, créé de toutes pièces un engin auquel rien ne résiste, un engin qui dévore l'espace et fait violence à la nature, un engin qui porte la lumière de la civilisation jusque dans les antres les plus reculés de la barbarie.

Cet engin, c'est la locomotive ! le chemin de fer ! la vapeur ! puissance merveilleuse qui peut dire : APERIAM TERRAM GENTIBUS !

LE SOUDAN

ET LE MONDE MÉDITERRANÉEN

II

17 octobre 1878.

Il faut, par un chemin de fer, rattacher le Soudan à la Méditerranée. Ainsi concluait, il y a trois ans, M. Duponchel. Ainsi avions-nous déjà été amené à conclure nous-même; mais tandis que M. Duponchel choisissait pour point de départ quelque port de l'Algérie, et pour point d'arrivée Tim-Bouktou, de notre côté, nous préfèrions pour point d'attache Tunis ou Tripoli, et pour *terminus* Kano, ou mieux encore Koûka près du lac même de Tsâd.

Le projet de M. Duponchel, est, en apparence, plus français; le nôtre est plus méditerranéen. Cependant, celui-ci nous paraît cadrer mieux que le sien avec la véritable politique de la France. Politique de l'avenir, sans doute: mais politique ayant ses racines dans le passé, et cela seul donnerait volontiers, selon nous, à cette politique un prix inestimable.

En effet, aux meilleures époques de sa déjà très longue histoire, la France a eu l'honneur de soutenir en Europe une politique tout à la fois d'humanité et d'équilibre. Elle eut ainsi pour clientes les nations opprimées par quelque despote, ou menacées par quelque puissant voisin dans leur existence même.

Puisque aujourd'hui, le réveil des anciennes haines de race, si perfidement attisées contre d'autres et contre elle-même, est venu troubler lamentablement le travail de la civilisation; puisque certaine chancellerie s'est plue à faire déblatérer sur les peuples latins, à signaler au monde leur irrémédiable affaissement, à proclamer leur décadence fatale, et même leur prochaine mort, la France doit se ressouvenir qu'elle est de race latine. Or, la Méditerranée apparaît vraiment comme un immense forum autour duquel sont assises les trois nations principales de cette race. D'autres peuples, ceux-là de races orientales, y sont assis aussi; mais une communauté d'intérêts très vivaces rattache la cause latine à la cause même de ces peuples orientaux, si différentes que soient leurs origines.

La vraie politique de la France doit donc être la politique de *toute* la Méditerranée. Politique méditerranéenne alors, devant laquelle son intérêt est tenu de s'effacer pour servir mieux l'intérêt général des peuples méditerranéens.

*
* *

Nous venons de dire : s'effacer. Nous aurions pu dire : se subordonner ; mais nous ne voulons pas du tout dire: se sacrifier. Loin de là! puisqu'il en doit résulter que la France elle-même profiterait dans une très large mesure du bien qu'elle aurait contribué à faire aux autres nations méditerranéennes.

En effet, supposons construit le chemin de fer qui doit relier le Soudan à la Méditerranée. Admettons aussi que la ligne exécutée ne part pas de l'Algérie, mais qu'elle a pour point d'attache Tunis ou Tripoli, l'Algérie elle-même gagnerait beaucoup à la construction de cette ligne, quoique extra-algérienne, car tout chemin de fer qui atteindra la région soudanienne servira aussitôt de *drain* pour cet énorme réservoir d'hommes que renferme le Soudan, et qui forcément se répandra sur toute la région méditerranéenne de l'Afrique.

Il en est des races humaines comme des familles princières. La mer les attire toujours. La maison, aujourd'hui impériale des Hohenzollern, eut pour berceau quelque modeste manoir enfoui dans les montagnes de la Suisse allemande. De migrations en migrations, elle finit par arriver jusque sur les bords de la mer Baltique, ou elle s'empressa d'élever le château et de fonder la ville de Kœnigsberg. Elle fit alors graver sur son blason cette devise qui, dans sa concision, renferme et explique l'histoire de ses princes pendant plusieurs siècles : « du rocher à la mer ! »

Ainsi firent les Moscovistes, lorsqu'ils descendirent des plateaux de la Russie centrale, et vinrent conquérir les marais au milieu desquels s'élève aujourd'hui la ville magnifique fondée par Pierre-le-Grand, la cité impériale de Pétersbourg ! Ainsi fit la maison princière de Savoie, lorsqu'elle passa les Alpes et préluda, par l'absorption de la république de Gênes, à ces coups si hardis et si habiles qui ont fini par la placer à la tête de toute l'Italie.

Ainsi ont fait tous les peuples. Ainsi, déjà, ont fait les Noirs en Afrique, lorsque, descendant des monts Kong et des montagnes Bleues, ils sont peu à peu parvenus jusqu'aux embouchures du Sénégal, de la Gambie, du Niger, de l'Ogowaï, du Congo, et du Zambèse. Ainsi les Soudaniens feront-ils, grâce au chemin de fer; ainsi viendront-ils par milliers, par millions, jusque sur ces rivages que baignent les flots bleus de la Méditerranée.

*
* *

Au surplus, étant données la population du Soudan et les ressources de la région soudanienne, nous sommes convaincu que, du jour où un chemin de fer aura touché cette région, vingt années ne se passeront pas sans qu'une seconde voie ferrée ne vienne, pour ainsi dire, « à la rescousse » sur la demande même du commerce de l'Europe, afin de tirer un parti plus fructueux encore de l'immense Soudan.

Inévitablement donc, — et en dehors même du chemin de fer égyptien dit « du Soudan » ébauché par le khédive, — dans un avenir peut-être assez prochain, deux lignes ferrées partiront du rivage nord de l'Afrique, se dirigeant toutes deux vers l'équateur, presque parallèlement, mais à 1,500 ou à 2,000 kilomètres de distance l'une de l'autre.

Si la première de ces lignes est celle qui partira de Tunis ou du Tripoli pour aboutir au lac Tsâd, ce véritable ombilic de l'Afrique, sûrement la seconde voie ferrée reliera l'Algérie à Tim-Bouktou et au cours supérieur du Niger.

*
* *

En dehors des facilités plus grandes d'exécution qu'offrirait la ligne *Soudan-Méditerranée*, de la côte au lac Tsâd, et par conséquent en dehors même du précieux avantage d'une dépense beaucoup moins forte, nous avons cru encore servir un intérêt français très respectable, lorsque nous avons proposé cette ligne de préférence à toute autre.

En effet, l'épargne française s'étant engagée dans

les fonds ottomans pour près de deux milliards de francs, avant même la banqueroute que les dilapidations du sultan Aziz ont infligée à la Turquie, nous pensions faire acte de bon citoyen en facilitant au gouvernement turc la mise en valeur d'une province qui a deux cents lieues de côtes, — en face de la Grèce et de l'Italie ; — d'une province qui possède cet inestimable promontoire connu dans l'antiquité sous le nom de *Pentapole libyque*, plus encore sous le nom de *Cyrénaïque*, et en provoquant, à l'aide d'un chemin de fer, la migration des Soudaniens dans les deux possessions ottomanes de Tripoli et de Tunis. Après avoir pendant des siècles suffi à nourrir plusieurs millions d'hommes, la *Tripolitane*, grande comme les deux tiers de la France, est aujourd'hui presque déserte, et presque complètement inculte. A Tripoli même, le commerce végète, et paraît se mourir.

Depuis, la banqueroute du trésor ottoman ayant été suivie d'une guerre désastreuse, qui jette un désarroi plus profond encore, si cela est possible, dans le budget de l'empire, et ruine en même temps des milliers de familles aussi bien en France qu'en Italie et en Angleterre, n'est-ce pas agir dans l'intérêt général que d'insister *toujours* pour l'exécution d'un « dessein » qui peuplerait la Tripolitane de plusieurs millions de noirs, et permettrait au trésor ottoman de recueillir dans les possessions africaines de l'empire de copieux revenus?

Cependant, des difficultés d'un autre ordre ont non-seulement stérilisé jusqu'à ce jour nos efforts, mais nous amènent à penser aujourd'hui que le seul chemin de fer soudanien actuellement possible est celui qui traverserait les oasis sahariennes, et relierait l'Algérie à Tim-Bouktou et au Niger.

En effet, de coupables procédés financiers ont, dans ces dernières années désorganisé presque partout l'industrie, si précieuse pourtant, des chemins de fer. Aux Etats-Unis, la crise sur les railways est telle que, leur construction est descendue, il y a trois ans, à 500 milles, tandis que précédemment elle était de plus de 10,000 milles par an! Nous ne croyons pas nous tromper en disant que, maintenant, on ne construit pour ainsi dire plus de railways dans les Etats de l'Union.

En Europe, mêmes abus financiers, et partant, même crise. Il y a quelques années, à Paris, devant la justice française, l'avocat d'un gouvernement oriental a pu affirmer, sans être contredit, que le concessionnaire d'un ensemble de 1,200 kil. de lignes ferrées avait réalisé, dans la construction, fort mal exécutée de ces lignes, une fortune personnelle de plus de cent millions de francs!

Eux-mêmes, nos chemins de fer français, ont été la proie visée par un autre étranger. Comme s'il avait pu se croire assuré de l'impunité, ce triste « faiseur » *a osé s'y reprendre par deux fois* dans son œuvre... mauvaise. En ce moment, les justices belge et française lui demandent enfin compte de ses actes. Sera-t-il condamné seul, ou avec tous ses coopérateurs? Peu nous importe, de même que nous importent peu aussi les cent millions si *habilement* réalisés en Orient par l'autre concessionnaire ; mais que l'un soit en prison, tandis que l'autre reçoit dans ses châteaux des altesses impériales, on peut affirmer cependant que tous deux ont été également néfastes.

Tous deux ont tué la confiance ! Tous deux ont frappé à mort le crédit ! et cela est si vrai, que notre gouvernement a dû se charger de ce que l'on appelle « le septième réseau, » et pourvoir, par un emprunt inscrit sur le Grand-Livre, au payement de toutes les dépenses.

Seul, aujourd'hui, un Etat peut jouir d'un crédit assez large, et inspirer une assez haute confiance, pour oser s'engager dans la construction d'un grand chemin de fer. Or, quel que soit le tracé adopté pour relier le Soudan à la Méditerrannée, tout chemin de fer soudanien exigera une dépense de plusieurs centaines de millions de francs.

Est-ce donc l'Etat ottoman qui pourrait en ce moment offrir des garanties suffisantes pour réussir à emprunter un pareil capital ?

Est-ce sur le Beylik de Tunis que l'on pourrait faire peser une pareille charge ?

Inutile, n'est-ce pas ? de répondre à ces deux questions.

Seule, la France a un crédit assez solide et assez large pour pouvoir réaliser à travers l'Algérie cette œuvre de haute civilisation ; mais la France le voudra-t-elle ?

Nous venons de poser la question ; ce n'est point à nous qu'il appartient d'y répondre.

*
* *

Ou bien, il faut s'adresser à la science, à la *vraie* science financière, laquelle, comme toutes les sciences est noble, et veut rester pure. Il faut lui demander par quel moyen obtenir, sans une garantie d'État, un aussi gros *capital*, en assurer le revenu et le remboursement..... Mais, lorsque la science aura répondu, lorsque la construction du premier chemin de fer soudanien sera devenu possible et prochaine, une autre œuvre alors devra être promptement réalisée, qui intéresse également le Soudan.

Quand, de nos jours, la civilisation s'est répandue sur des territoires jusqu'alors inconnus, en Californie, par exemple, en Australie ou bien encore en Afrique même, dans le pays de Natal, ces immenses territoires étaient pour ainsi dire, absolument déserts. Les pionniers européens ne s'y heurtèrent jamais, en effet, qu'à de très rares et peu nombreuses tribus barbares.

Tout autre est le Soudan. Là aussi règne la barbarie, mais cette barbarie s'étend sur des populations en quelque sorte innombrables. Aux pionniers européens qui s'y hasarderont les premiers, avec l'espoir très légitime de faire dans le Soudan une fortune rapide, l'énergie individuelle ne suffira donc pas.

Sans doute, les *blancs* jouissent déjà, au Soudan, d'un prestige très précieux. Les rares voyageurs qui y ont séjourné se sont vus souvent l'objet de la vénération des noirs. Barth raconte même que, plusieurs fois, on lui a demandé « sa bénédiction. » Les noirs, victimes de la plus abominable tyrannie, semblent attendre quelque Messie, et, dans chaque *blanc*, ils croient voir un Sauveur. Il faut bien prendre garde que ces sentiments, dont on doit tenir grand compte, ne soient promptement étouffés dans le choc de ces intérêts contraires qui animent forcément les « vendeurs » et les « acheteurs. »

Oui, le commerce doit être et rester libre, absolument libre! Mais tout peuple, si nécessaire que soit pour lui le commerce, a d'autres besoins encore auxquels il importe de pourvoir.

L'entrée du Soudan dans l'orbite du commerce méditerranéen, l'annexion du Soudan à la civilisation européenne, soulèvent donc une question d'administration, une question de gouvernement, dont il faut tout d'abord préparer la solution.

Avant que le premier chemin de fer soudanien ne fonctionne, on aura dû procéder à la création d'un personnel administratif, gouvernemental, *pourvu des qualités, des vertus même qu'exige une telle mission.* Pour cette œuvre, quelques millions seulement sont nécessaires. Nous savons dans quelles mains ils se trouvent; nous savons que ces mains, au premier appel, seront heureuses d'assurer le régulier fonctionnement de cette œuvre, que nous appelons dès aujourd'hui : ÉCOLE DU GÉNIE COLONIAL.

CHRÉTIENS ET MUSULMANS

7 novembre 1878.

L'Orient est vraiment le pays des surprises! Tandis que l'opinion publique de l'Europe se trouve tenue en suspens par la multiplicité des incidents qui surgissent, et chaque jour semblent compliquer encore cette question orientale, déjà en apparence si complexe, voici que tout à coup le télégraphe vient nous apprendre que l'île de Crète est pacifiée!

Le Constitutionnel, en effet, a publié, ces jours derniers, le télégramme suivant :

LA PACIFICATION DE LA CRÈTE

« La Canée, 29 octobre.

« Des félicitations sont journellement envoyées, de
« toutes les villes de la Crète, à Midhat-Pacha. Elles
« sont signées par les musulmans et par les chrétiens.

« Tous les habitants reconnaissent que si la pacifica-
« tion de l'île s'est terminée si promptement, on le
« doit non-seulement à Moukhtar-Pacha, mais aussi
« à la présence de Midhat. »

A l'appui de cette nouvelle, une correspondance de l'île de Crète, insérée dans *les Débats* du 3 novembre, donne les détails les plus intéressants sur le rôle si honorable et si habile qu'ont joué dans cette affaire Moukhtar-Ghazi et Midhat-Pacha, sur le prestige qu'exerce en Crète l'ex-grand-vizir, et sur le bon accord qui règne aujourd'hui entre tous les habitants de l'île.

*
* *

Les chrétiens et les musulmans de l'île de Crète fraternisant entre eux ! Comment donc une telle étrangeté a-t-elle pu se réaliser ?

Eh ! mon Dieu, tout simplement parce qu'ils ont été laissés à eux-mêmes ; parce que ceux qui, jusqu'à ce jour, ne s'étaient mêlés que trop de leurs affaires, ont cessé de s'en mêler ; parce que, grâce aux mille conflits qui s'accumulent dans la région des Balkans et autour de Constantinople, les habitants de l'île de Crète ont été délaissés et comme oubliés par ces agents plus ou moins masqués qui préparent d'ordinaire les voies à la diplomatie de « certaines puissances » ; mais ce n'est pas tout.

Comment cette pacification s'est-elle opérée? Qui en a pris l'initiative? Qui l'a conseillée et menée à bonne fin, puisque le Sultan vient d'en ratifier les conditions? Qui donc? Deux Ottomans! l'un Moukhtar, célèbre déjà, non-seulement par sa brillante campagne et ses victoires contre les Russes, mais encore par cette admirable proclamation qui, dès le début de la guerre, enflamma ses soldats, et pénétra leurs cœurs des plus nobles sentiments d'humanité, de générosité même envers leurs adversaires.

L'autre, Midhat, le grand patriote, qui, à peine débarqué, il y a un mois, mit aussitôt au service des Crètois les précieuses ressources de sa haute expérience. N'est-ce pas le moment de faire chorus avec les Musulmans et avec les Chrétiens de l'île de Crète et de s'écrier comme eux : « Allah Kerim! » — « O Theos sòtèr! » — « Dieu est grand! »

*
* *

Le lecteur va sans doute se demander pourquoi ce qui vient de se passer en Crète ne se pourrait pas réaliser ailleurs! Et quelles difficultés s'opposent à ce que partout, en Orient, les Chrétiens et les Musulmans fraternisent entre eux, comme fraternisent en ce moment les Musulmans et les Chrétiens de l'île de Crète?

Des difficultés, il y en a sûrement, et même elles sont devenues très graves ; mais, croyons-nous, elles ne proviendraient pas des Orientaux eux-mêmes, Chrétiens ou Musulmans, si dès longtemps déjà ils n'avaient point été perfidement excités les uns contre les autres. Le malheur de l'Orient, c'est sans doute, et pour une très grande part, la détestable administration, la déplorable incurie d'Abdul-Aziz, mais c'est surtout l'ambition et le machiavélisme de « certaines puissances. »

Le malheur de l'Orient est, l'on pourrait dire, fils du malheur de la France. Deux grands chanceliers, chacun dans des vues différentes, ont caressé l'idée d'annuler ce fameux « Traité de Paris, » qui avait placé l'intégrité de l'Empire ottoman sous la sauvegarde de l'Europe. Sournoisement, les convoitises slaves de la Russie ont été excitées, de même qu'ensuite ont été éveillées la jalousie et les susceptibilités de l'Autriche, les susceptibilités, et les craintes de l'Angleterre.

*
* *

Les convoitises de la Russie ne sont point une nouveauté. Elles sont une tradition. Tout bon Moscovite rêve en effet, de Sainte-Sophie et de Constantinople.

La jalousie et les susceptibilités de l'Autriche s'expliquent par les victoires des Russes dans la région des Balkans, et par ce traité de San-Stefano que, même en ce moment, ceux-ci paraissent ne vouloir pas du tout abandonner; mais il nous est très difficile de comprendre comment la ligne de conduite suivie jusqu'à ce jour par l'Autriche peut apaiser cette juste jalousie, et ces justes susceptibilités.

Si la Russie finit, comme on se plaît à le crier sur tous les tons, par s'emparer de Constantinople, est-ce que sérieusement l'Autriche pense pouvoir contre-balancer cette conquête par la possession de la Bosnie, et même par celle de la Macédoine jusqu'à Salonique? Et si ce n'est pas par jalousie contre les Russes, mais bien plutôt pour ne déplaire point à l'Allemagne, que l'Autriche a pénétré en Bosnie, comment donc n'a-t-elle pas compris qu'une telle condescendance lui pourrait coûter un jour fort cher!

Si l'Autriche craint aujourd'hui de déplaire à l'Allemagne, est-ce que la possession de la Bosnie la rendra plus puissante? Est-ce que cette possession lui pourra fournir dans un avenir prochain les moyens d'avoir une volonté qui lui soit personnelle, et de ne subir plus la volonté d'un voisin?

*
* *

Et puis, qu'est-ce que cette entrée d'une armée autrichienne en Bosnie, non précédée d'une « convention » avec le légitime souverain de cette province? Qu'est-ce aujourd'hui, après tant de sang déjà versé, que cette proposition soumise, dit-on, à la Porte, de consentir à la cession d'une partie de la Bosnie? S'imagine-t-on, par hasard, à Vienne, faire ainsi de la politique? Dans ce cas, Schyloch serait en cette science un grand maître!

De plus, en droit strict, la conduite de l'Autriche serait également coupable. Le mandat que la diplomatie de l'Europe lui a confié est celui-ci : « Occuper la Bosnie pour la pacifier. »

L'Autriche, dénaturant ce mandat, et à une occupation temporaire substituant une possession indéfinie, commettrait ainsi à l'égard de la Porte un acte d'insigne mauvaise foi, et à l'égard des puissances européennes, un véritable abus de confiance. Elle cesserait, *ipso facto*, d'être le mandataire autorisé de l'Europe.

*
* *

L'Autriche avait un rôle tout autre à remplir. Puisque la France, occupée de son Exposition Universelle, se refusait à sortir d'une neutralité impassible, et repoussait la proposition d'entente que lui faisait le cabinet britannique, l'Autriche aurait dû se substituer à la France, et contracter une « alliance défensive, » tout à la fois avec la Turquie et avec l'Angleterre.

Elle aurait dû se rappeler cette pensée si juste de l'illustre Donoso Cortès : « Le jour où les Russes s'em-« pareront de Constantinople, l'Autriche sera effacée « du livre des grandes puissances, et c'est le premier « pas pour sortir du livre des nations. »

En prenant une telle détermination, l'Autriche n'aurait pas pour cela prêté le flanc à quelque entreprise germanique dirigée contre elle-même. L'Autriche a tort de se méfier tant de Berlin. Nous ne disons pas cela, parce que le prince de Bismarck a déclaré en plein Parlement que ce qui se passait en Orient ne méritait pas de risquer la peau d'un seul grenadier poméranien ; mais nous croyons fermement que jamais l'Allemagne ne s'engagera dans une guerre contre l'Autriche, tant qu'à l'Occident elle pourra voir la France en armes !

L'Autriche aurait dû prendre pour programme : L'ORIENT AUX ORIENTAUX ! A ce programme, l'Angleterre eût facilement adhéré, car en ce moment même l'opinion de beaucoup d'Anglais, et des plus considérables, est toujours celle de lord Chatam, lorsqu'il s'écriait : « Je ne discute pas avec quiconque me dit « que le maintien de l'empire ottoman n'est pas pour « l'Angleterre une question de vie ou de mort. »

De leur côté, les nations méditerranéennes eussent adhéré à ce programme, qui sauvegardait leurs intérêts. Rien, en effet, ne pourrait leur être plus préjudiciable que le partage, que le dépècement de la Turquie entre l'Angleterre et la Russie, ou... l'Allemagne.

*
* *

L'Orient aux Orientaux ! Mais ce programme sera rempli le jour où sera de nouveau appliquée la Constitution élaborée par Midhat, promulguée par le sultan Hamid, et suspendue par la volonté des Russes, qu'elle semble contrarier énormément.

Cette Constitution Ottomane accorde à tous les peuples de l'empire « l'égalité politique ». Elle est ainsi le dernier terme de l'évolution commencée par le Sultan Mahmoud lorsque, dans la Charte de Gulhané, il déclara « vouloir qu'on ne reconnaisse plus le musulman qu'à la mosquée, le chrétien qu'à l'église, le juif qu'à la synagogue. »

C'était proclamer en Orient l'égalité civile.

La Constitution d'Abdul-Hamid se trouve ainsi constituer le couronnement de l'édifice politique dont Mahmoud a eu la gloire de poser la première pierre.

Elle peut être le point de départ d'une véritable renaissance pour l'Orient tout entier. Malgré ses désastres, la Turquie possède encore, tant en hommes qu'en biens des ressources pour ainsi dire inépuisables.

A la tête de l'empire est un souverain jeune, plein de noblesse dans les sentiments et d'élévation dans l'intelligence. Les années et l'exercice du pouvoir vont peu à peu lui donner l'expérience, qui manque encore à sa jeunesse.

Pour gouverner l'empire, Abdul-Hamid a autour de lui toute une pleïade d'hommes d'épée et d'hommes d'État qui ne le cèdent en rien aux plus habiles officiers et diplomates de l'Occident. Osman-Ghazi, Moukhar-Ghazi, le vénérable Safvet, Midhat, Karathéodory, Sadik, Mussurus, Aarifi, Achmed-Véfik, Saïd, Cadri, Turhan, etc., etc., sont trop connus de toute l'Europe pour que nous ayons à faire ici l'éloge de leurs talents et de leur patriotisme.

* * *

L'exercice de la Constitution mettra peu à peu en lumière d'autres capacités, d'autres talents. Ce serait, il nous semble, faire injure aux chrétiens que de supposer un instant qu'ils resteront inférieurs aux musulmans, et que le régime, fécond pour tous, de la liberté, pourrait être à eux seuls défavorable.

Ce n'est donc pas faute d'hommes capables que la Turquie périra.

Ce ne sera pas non plus par pénurie de richesses naturelles. Ecoutons ce que dit à ce sujet « *la Revue Orientale, l'Univers,* » qui se publie à Constantinople et que dirigent des hommes profondément versés dans la connaissance de l'Orient :

« La Turquie possède un capital plus précieux « que l'or : elle a la terre! Plus de 100 millions

« d'hectares de terre fertile restent en friche ; de 30 « à 40 millions d'hectares de forêts sont détruits sans « profit pour personne. Et cette immense propriété, « valant de fait, même « au prix local, » 500 mil- « lions de livres, est la *propriété de l'État*. »

« Comment se fait-il qu'ayant un aussi gigantesque « capital, aujourd'hui improductif, la Turquie se « trouve... en détresse?

« La solution du problème financier ottoman se « trouve là et non ailleurs. Quoi, ces énormes masses « de terre resteront-elles toujours inertes? Cet énorme « agent de production, inexploité?...

« Quoi, ces 500 millions de livres (1), l'Etat ne « pourra-t-il jamais les encaisser ou les employer?

« Doutera-t-on toujours de la puissance financière « de l'Empire? »

L'auteur de ce travail ne se contente pas d'exposer les ressources en terre de l'empire ottoman, il donne aussi quelques bons conseils au gouvernement, et entr'autres celui-ci :

« Ne craignez pas le capital étranger quand il « offre de produire ou de développer vos ressources « nationales ; mais méfiez-vous du capital étranger « qui absorbe vos revenus. Craignez la finance (la « fausse finance) ; encouragez l'agriculture et l'indus- « trie, si vous voulez voir renaître la prospérité. »

L'auteur a voulu prendre pour épigraphe cet aphorisme oriental :

(1) Plus de dix milliards de francs.

La terre est cultivée selon sa valeur,
Et l'homme exploité selon sa crédulité.

NASTRADYN-HODJA.

Vraiment, au lendemain du procès du trop bruyant M. Philippart, il nous semble que Nastradyn connaissait l'Occident aussi bien que l'Orient. Le monde est partout le même. « *Tutto paese è il mondo!* » disent les Italiens.

*
* *

La terre ne peut être exploitée, une province ne peut être administrée, que lorsque des routes rendent les communications faciles.

« Plus on réfléchit, dit excellemment M. Ubicini, « plus on arrive à se persuader que l'avenir de la « Turquie dépend presque uniquement de cette seule « chose : faire des routes. Faire des routes, ce n'est « pas seulement développer l'agriculture, ouvrir des « débouchés au commerce, donner de l'essor aux in- « dustries locales, de manière à accroître la richesse « matérielle du pays, *c'est asseoir la grande unité « morale et politique*, en facilitant le maintien de « l'ordre à l'intérieur, la diffusion des lumières, le « rapprochement des populations séparées par la » force des préjugés non moins que par les dis- « tances. »

*
* *

Un Parlement, à Constantinople, contrôlant les actes des ministres du sultan !

De nombreuses routes sillonnant les provinces !

Le domaine de l'Etat aliéné ! — La dette publique remboursée !

Sommes-nous destinés à voir un jour toutes ces choses merveilleuses ?

Il le faut espérer. En tout cas, si, au siècle dernier, Voltaire, plat courtisan de Catherine comme il l'avait été de Frédéric, a osé proclamer l'impératrice de Russie : « La Sémiramis du Nord » ; si un poëte a osé écrire : « C'est du Nord aujourd'hui que nous vient la lumière ! » plus justement que les philosophes et les poëtes du dix-huitième siècle, et plus dignement aussi, en présence de l'accord des Crétois, musulmans et chrétiens, en présence de l'accueil cordial fait à Moukhtar-Ghazi et à Midhat-Pacha, nous dirons : C'EST DE LA CRÈTE AUJOURD'HUI QUE NOUS VIENT LA SAGESSE.

CONSTANTINOPLE

26 novembre 1878.

De même que les étoiles étincellent dans l'azur sombre du firmament, de même certaines villes brillent dans l'histoire d'un éclat incomparable.

Telle fut Jérusalem, la cité sainte par excellence. Jérusalem, qui vit Jésus subir la mort pour le salut du genre humain. Jérusalem, qui vit partir douze « hommes de rien, » poussés par une force mystérieuse à la conquête pacifique des âmes.

Telles furent Babylone, Ninive, Memphis, Thèbes aux cent portes, Troie, immortalisée par Homère, Tyr, Sidon, Athènes, Sparte, Corinthe, Alexandrie, Cyrène, Carthage, Rome enfin, Rome qui donna son nom au plus vaste empire qu'ait connu l'antiquité: Rome, qui semble n'avoir conquis et unifié l'ancien monde que pour préparer l'éclosion de ce monde nouveau pressenti par Virgile, pour faciliter l'œuvre des douze apôtres, et donner naissance à ce que l'histoire appelle la Chrétienté.

Telles furent, dans les temps plus récents, Venise,

Florence, Gênes, Pise, Amsterdam, Moscow. Telles sont de nos jours Pétersbourg, cette façade monumentale, ce décor européen qui cache un empire resté asiatique; Vienne, ce Paris de l'Europe danubienne; Londres, cet incomparable entassement de plus de quatre millions d'âmes; Londres, avec ses docks gigantesques, ses innombrables comptoirs, ses clubs splendides, ses musées, ses bibliothèques; Londres, avec ses richesses immenses et l'épouvantable misère de ses bas-fonds: Londres, avec son admirable *Parliament-House*, dont la terrasse baigne dans la Tamise, de même que, sous un ciel plus clément, le palais ducal de la ville des Doges semble prendre plaisir à se mirer dans les ondes bleues de l'Adriatique.

*
* *

La République de Venise représente dans l'histoire une des faces du moyen âge. Venise fut, en effet, l'expression la plus complète du génie italien, si brillant, si lumineux dans les arts, si fin, si souple, si perfide, si cruel dans la politique. Les patriciens de Venise gouvernèrent la République d'après ces principes que Machiavel a, pour ainsi dire, codifiés en prenant, dit-on, pour modèle le trop fameux César Borgia. Le peuple de cette Venise, toute ensoleillée, n'a connu jamais l'autorité que par les *bravi* masqués et les *sbirri* encapés, au service de la République.

Londres, au contraire, toute brumeuse qu'elle soit, resplendit cependant d'un très vif éclat dans l'histoire du monde moderne. Londres est la capitale d'un empire où l'opinion est vraiment souveraine. Les fidèles sujets de la reine peuvent dédaigner de se proclamer « républicains. » — Ils ont mieux que le nom ; ils possèdent la chose. En effet, le self-government étant la base de l'édifice politique de l'Angleterre, le gouvernement de la reine est une vraie république, progressant chaque jour, se réformant, s'améliorant sans cesse, une république maintenant avec sagesse dans un constant équilibre ces deux forces aussi nécessaires l'une que l'autre : l'autorité et la liberté.

*
* *

Il est une autre ville qui, plus encore que Londres, s'impose à l'attention, à la curiosité du monde moderne.

Cette ville, c'est Paris que dans une langue inimitable a célébré le vieux poète devenu moins soucieux de la dignité dans l'art, mais plus gourmand que jamais d'une fort vulgaire popularité ; Paris, que M. Maxime Du Camp a voulu traiter comme s'il était « une personne, » et dont il nous a décrit avec un soin minutieux l'organisme tout entier ; Paris, qu'étudie en ses multiples aspects notre ami *Ignotus;* Paris, que dans un style concis, mais fortement imagé, il se plaît, pour ainsi dire, à peindre avec une sincérité vraiment photographique.

Depuis bien des siècles, déjà, Paris exerce sur le monde une fascination irrésistible. Cette année, l'Exposition a fait de Paris, le caravansérail de l'univers entier. Paris est si gai, Paris est si aimable, Paris est si poli, Paris est si hospitalier ! Paris a le monopole de la mode, — que Berlin dût renoncer à lui ravir. — Paris donne le ton à toutes les élégances. Paris cultive les arts avec passion. Paris fait progresser les sciences avec persévérance. Paris travaille, et Paris invente. — Tout cela est bon ; tout cela est bien ! Mais Paris est encore autre chose.

Grâce à ses admirables promenades, à ses théâtres, à sa cuisine, Paris est devenu le grand turf des amours vénales. Chaque jour Paris voit se pavaner ces « baronnes de Trodgom, » ces « comtesses de Toulmond, » effrontées courtisanes, qui machinent sans cesse quelque chantage ou quelque captation sur des jouvenceaux titrés et millonnaires, sur de grossiers loups-cerviers de la Bourse enrichis de la veille, ou sur de vieux notaires édentés et poussifs, jusqu'à l'heure où, fascinées elles-mêmes, elles viennent à tomber sous la honteuse main d'un bellâtre, auquel pour prix de ses baisers lascifs, elles livreront peu à peu les fruits accumulés de leurs longues rapines.

Paris a ses « assommoirs, » ses « bouis-bouis, » ses maisons de jeu, ses bastringues, ses clubs, ses cercles, son bal de l'Opéra, « lieu de perdition et de débauche, » comme l'écrivait avec une sorte de naïveté l'amant *aveuglé* de la nymphomane et criminelle veuve Gras.

*
* *

Paris est libre-penseur, matérialiste, athée ! — Mais en même temps, Paris est plein de foi et de religion. Paris a ses familles de souche parisienne que ne peut entamer le scepticisme contemporain. Paris a sa Notre-Dame. Paris a ses cent églises, ses temples, ses synagogues. Paris a ses œuvres de piété et de charité chrétiennes. Paris garde aux morts un souvenir toujours pieux. Donc Paris croit à l'âme et à son immortalité. Paris est chrétien bien plus profondément qu'il ne le veut paraître..... Mais chut ! Taisons-nous ! La mode actuelle est à la libre-pensée. Or, Paris, qui fait la mode, croit devoir être toujours l'esclave de la mode. — Cette mode passera. En attendant, il faut pardonner à Paris ce travers, parce que Paris est charitable. S'il y a encore, s'il y a toujours de la misère dans Paris, sachez-le, ce n'est vraiment pas la faute de Paris.

*
* *

Par exemple, en politique, Paris n'est le plus souvent qu'un « *gobeur !* » Nous ne dirons pas ce qu'il est en train de *gober* présentement, parce que nous ne faisons pas ici de la politique courante. Nous essayons seulement d'élucider l'histoire; mais nous dirons ce qu'il a *gobé*, il y a juste huit ans. Paris alors s'est plu à croire au dévouement, au patriotisme des hommes qu'il avait acclamés, avec une joie en quelque sorte féroce, le 4 septembre. Or, il advint qu'un jour le ministre Picard voulut haranguer un bataillon qui sortait pour aller au feu. Le citoyen-ministre fut éloquent, entraînant même. A sa voix, quelques vrais patriotes jurèrent de se dévouer et de mourir. Des larmes coulèrent. Puis le bataillon s'ébranla. Lorsque le défilé fut terminé, le ministre avisa, à quelques pas de lui, un agent de change des plus connus. Dodelinant de la tête, et barytonnant... comme dit Rabelais, le citoyen-ministre, la lèvre souriante, alla lui tendre la main; puis, clignant de l'œil et se penchant vers son oreille, il lui dit tout bas : « *Défense d'Opéra-Comique, mon cher!* »

Cette scène, qui a dû se renouveler plus d'une fois, nous fut racontée à Versailles pendant la Commune, dans un diner chez le comte de ***, qui partagea avec M. Rameau le patriotique et périlleux honneur d'administrer la ville pendant l'occupation allemande. M. Ferdinand M..., n'a certainement pas perdu le souvenir de la poignée de main du citoyen-ministre, ni de sa cynique confidence.

Paris, qui *goba* les sinistres farceurs du 4 septembre, dût subir les conséquences de leur ineptie. Le Siège avait affolé Paris. Le Siège enfanta la Commune. La Commune! Ce crime exécrable commis contre la nation, en face d'un ennemi vainqueur. Paris, qui en a tant souffert, paraît avoir maintenant oublié ses souffrances. Il semble même aujourd'hui disposé à laisser légaliser de nouveaux forfaits.

Paris devrait avoir au moins toujours présent à la mémoire l'ironique jugement que porta contre cette insurrection infâme l'astucieux instigateur de la guerre de 1870 : « *Dans les révolutions des Français*, dit à cette époque M. de Bismark, *il y a toujours quelque grain de bon sens.* »

*
* *

De même que le Siège avait enfanté la Commune, de même, de l'écrasement de la France, a surgi la conflagration actuelle de l'Orient. La main qui tressa les mailles du filet dans lequel s'est précipité aveuglément l'empereur Napoléon III, est aussi la main qui, depuis trois ans, complique à son gré l'imbroglio oriental. Dès l'origine de la crise actuelle, nous l'avions soupçonné. Or, voici justement un historien distingué (1) qui, en étudiant la Question d'Orient au dix-huitième siècle, vient exposer les origines de l'alliance actuelle des trois empereurs, et confirmer ainsi nos soupçons. « Aujourd'hui comme alors, dit à ce

(1) *La Question d'Orient au dix-huitième siècle.* Les origines de la triple alliance. — ALBERT SOREL.

« sujet M. Henri Trianon, la Russie veut chasser les « turcs de l'Europe, et s'emparer de Constantinople. « Aujourd'hui, comme alors, la Prusse ne barre la « route à cette ambition que juste assez pour satisfaire « impunément la sienne propre. Aujourd'hui comme « alors, l'Autriche éprouve des scrupules qu'elle fait « taire au dernier moment pour prendre sa part, en « détournant les yeux. »

Les procédés auxquels, pour fonder la grandeur de la Prusse, eût recours Frédéric II, de nos jours le prince de Bismark les emploie pour asseoir, au centre de l'Europe, son empire allemand. De même que Frédéric II fut le véritable instigateur du partage de la Pologne, de même le prince de Bismark est à cette heure *l'instigateur réel du projet russe de partage* de l'empire ottoman : mais on se tromperait, croyons-nous, si l'on s'imaginait que ce *partage*, tel que le médite la Russie, soit le but que poursuit et que veut atteindre le chancelier de l'empire d'Allemagne.

*
* *

Il nous est impossible de croire que l'empire allemand, assis, comme on le sait, au centre de l'Europe, puisse permettre jamais à la Russie de s'emparer de Constantinople, ou même seulement de s'implanter en Bulgarie, et de barrer ainsi à son gré les bouches du Danube.

Le Danube et le Rhin sont réputés par les prussiens « fleuves allemands ». Donc, de leur source à leur embouchure, ils ne doivent couler que sur des « terres allemandes. » Tel est, il nous semble, le désidératum à demi-voilé du prince de Bismark.

Fatalement, l'empire d'Allemagne s'il dure, débordera au-delà des contrées où résonne harmonieusement le *Ya*. Il vassalisera l'Italie, après avoir annexé l'Autriche.

Fatalement, l'empire d'Allemagne, s'il dure, absorbera la Hollande pour avoir à la disposition de son crédit d'état le plus grand stock d'espèces métalliques qui existe en Europe, après Paris, et aussi, pour posséder ces inappréciables colonies néerlandaises de Java, Sumatra, etc.

Fatalement, l'empire d'Allemagne, s'il dure, se transformera en « *Empire Continental.* »....

Lorsqu'il a permis à la Russie de miner d'abord par ses intrigues l'Empire ottoman et de l'ébranler ensuite à coups de canon, le prince de Bismark n'a certainement voulu que lui faire jouer le rôle de « tirer les marrons » pour l'Allemagne. A un moment donné, l'Europe verra l'Allemagne se substituer à la Russie, et proposer à l'Angleterre un vrai partage « à deux » de tout l'empire ottoman. « Comment, doit-on se dire à Berlin, comment la Russie pourrait-elle, oserait-elle même engager la lutte tout à la fois contre l'Allemagne et contre l'Angleterre? — Un jour donc, l'empire continental allemand possèdera Constantinople! »

*
* *

Sans doute, dans ce partage, l'Allemagne obtiendrait le précieux, l'immense bénéfice d'avoir des terres pour ses innombrables émigrants auxquels le débouché des États-Unis commence à faire défaut; mais, jusqu'à présent, l'Angleterre ne paraît guère disposée à entrer dans le jeu allemand. Le cabinet britannique a refusé catégoriquement, et à plusieurs reprises, de suivre les indications, en apparence désintéressées, du prince de Bismark, et de mettre la main sur l'Égypte.

C'eût été s'aliéner la France. L'Angleterre s'est bien gardée de commettre envers l'Europe cette nouvelle faute. L'abandon dans lequel elle a laissé la France en 1870-71 lui a coûté à elle-même si cher!

L'Angleterre en paraît convenir trop franchement et trop ouvertement pour que notre générosité naturelle ne nous impose pas désormais le silence sur ce triste passé. Donc, on le peut affirmer aujourd'hui, le partage de l'empire ottoman entre l'Angleterre et l'Allemagne ne se réalisera pas, parce que l'Angleterre ne le peut pas vouloir.

Quant à l'Autriche, si la politique allemande réussissait pleinement, ou seulement en partie, son sort serait toujours le même : elle ne doit être que victime.

Complice dans le crime de lèse-nation commis sur la Pologne, l'Autriche porte depuis plus d'un siècle la peine de cette honteuse complicité, qui la tient comme rivée à ses deux voisins. Au nom du repos, au nom de l'avenir de l'Europe, au nom de son intérêt même, qu'elle se décide donc à briser enfin avec sa politique traditionnelle! Aux reproches qui lui viendront de Pétersbourg et de Berlin, qu'elle riposte par cette fière parole de son dernier grand homme d'état, le prince de Schwartzemberg : « l'Autriche étonnera le monde par son ingratitude! »

Ingratitude! Voilà certes un mot bien gros! Avant d'oser l'écrire, notre main a hésité; car nous ne sommes pas de ceux qui pensent que la morale gouvernementale puisse être autre que la morale individuelle. Ingrate, nous ne conseillerions jamais à l'Autriche de l'être, si elle devait à la Russie quelque reconnaissance. Lorsque, en 1849, une armée russe est venue écraser l'insurrection hongroise, cela a pu être de la part du tzar Nicolas un service personnel rendu à son impérial frère, François-Joseph : mais, pour ce fait, l'empire austro-hongrois, tel qu'il existe en 1878, ne doit à la Russie aucune reconnaissance.

Entre la Russie et l'Autriche, il n'y a qu'un lien; et ce lien, c'est leur mutuelle complicité dans la question polonaise.

*
* *

Quelques jours avant le congrès de Berlin, le 26 mai, nous avons écrit :

« Quant à l'Orient, l'immobile et fatal Orient, sa « situation ne se résume-t-elle pas en ce moment « dans ces deux faits : premièrement, que le khé- « dive, par l'abus même du pouvoir personnel, s'est « trouvé acculé à ce dilemme, ou d'introduire dans « son administration et dans ses finances l'esprit des « institutions libérales, ou de périr ; secondement, « que le Sultan, une fois la solution russe écartée, « devra assurer dans ses états, sous le contrôle « effectif et efficace de l'Europe, la pratique de la « Constitution de Midhat. »

Aujourd'hui, le khédive est volontairement sorti du dilemme. Pour parer à une catastrophe devenue inévitable, il s'est décidé enfin à donner des gages à l'Europe, en adoptant les institutions, les procédés qui ont cours en Occident. MM. Wilson et de Blignières, nommés par lui Ministres, ont maintenant dans leurs mains l'administration égyptienne. Par leurs soins, et par leur vigilance, les abus cesseront bientôt pour le bonheur des Égyptiens, comme pour la tranquillité du khédive lui-même (1).

(1) Depuis, Ismaïl-Pacha, ayant repris ses anciens procédés de gouvernement, a été contraint d'abdiquer.

*
* *

Il n'en est point encore malheureusement ainsi sur les bords du Bosphore. Des influences occultes ne cessent de paralyser les bonnes intentions du sultan Hamid. Cet état de choses révèle un grave danger pour l'Europe et pour le souverain même de cette perle si enviée, qui s'appelle Constantinople.

L'histoire de l'antique Byzance, l'histoire de Constantinople, l'histoire de Stamboul, mais c'est presque l'histoire du monde ! Au quinzième siècle, Constantinople fut le théâtre d'un drame terrible qui menaça de changer l'avenir de l'Europe.

L'année 1453 vit l'empire grec s'écrouler, et les turcs posséder enfin Constantinople.

Cette page de l'histoire a, de nos jours, inspiré le plus grand peintre de l'école moderne, l'honneur et la gloire de l'école française. Dans une œuvre admirable où le maître a prodigué toute la magie de sa palette, Eugène Delacroix s'est plu à dérouler, pour l'éblouissement de nos yeux, la splendeur panoramique de la nature sur les rives du Bosphore, et les merveilles incomparables de l'art que les siècles avaient entassées dans la cité impériale des successeurs de Constantin. Le génie si dramatique de l'artiste semble avoir dans cette œuvre évoqué, et comme ressuscité les acteurs de cette sanglante tragédie, sur laquelle plane le pâle visage du sombre vainqueur.

*
* *

« Constantinople! a dit Napoléon Ier, celui qui la possèdera sera le maître du monde! »

A quoi donc pense aujourd'hui le souverain de Constantinople?

Pourquoi tarde-t-il donc tant à donner à l'Europe les gages que celle-ci a le droit de lui demander en échange d'une protection efficace?

Pourquoi donc maintien-t-il suspendu l'exercice de la Constitution qu'il a lui-même accordée à ses peuples? *Elle seule donnera promptement à l'Empire l'unité morale et politique qui lui manque aujourd'hui.*

Les bons sentiments du sultan, sa haute intelligence sont cependant connus de tout le monde. Chaque fois qu'à Paris comme à Londres, nous nous sommes entretenu avec Midhat des affaires de l'Orient toujours l'ex-grand-vizir nous a fait l'éloge du sultan Hamid. « Il est bon et bien intentionné! » nous répétait-il souvent.

Puissent les conseillers actuels du sultan, puisse le sultan lui-même, méditer cette parole dont nous ne sommes que l'écho, mais que redisent chaque jour les amis de l'Orient, si nombreux en France : « L'EMPIRE OTTOMAN DEVIENDRA CONSTITUTIONNEL, OU BIENTOT IL AURA CESSÉ D'ÊTRE. »

LA QUESTION CHINOISE

30 janvier 1879.

La naissante année semble destinée à recueillir l'héritage de l'année défunte. Ce que 1878 a semé sera sans doute par 1879 récolté. En novembre et décembre derniers, toutes les puissances ont affirmé leur désir d'exécuter ou de voir exécuter le traité de Berlin. Donc, l'Orient va être organisée selon les décisions du congrès...; mais est-il bien sûr que le congrès ait décidé quelque chose de possible! Ou mieux, est-il bien sûr que le congrès ait formulé ce qu'il a pu vouloir?

Lorsqu'on apprend ce qui se dit autour des hommes d'état des différentes puissances, lorsque l'on voit ce qui chaque jour se passe en Europe, le doute sur ce point est permis. Seule, la Russie en pourrait faire le pénible aveu : ce qu'a voulu contre elle le congrès, le congrès l'a formulé assez clairement pour qu'elle ne s'y puisse tromper. Le traité de Berlin, en effet, a arraché au tzar Constantinople, qu'il semblait tenir déjà dans ses impériales mains. Aujourd'hui, la Russie sait que l'Europe ne veut pas lui permettre de s'emparer des rives du Bosphore, et qu'un pope russe ne célèbrera pas dans Sainte-Sophie la messe prédite.

Pour le reste, tout demeure obscur. La Bulgarie, arrachée au sultan deviendra-t-elle de fait sinon de droit, vassale du tzar? Il semble beaucoup plus probable que l'élément germanique ne tardera pas à pénétrer là par infiltration jusqu'à ce point d'y acquérir un jour la prépondérance; mais alors, quelles auront donc été pour la Russie les conséquences de sa dernière guerre contre la Turquie? — Une perte de trois cent mille hommes! Une dépense de peut-être six milliards!!

Ephémère fut le prestige de ses victoires. En Europe, la Russie a vu le congrès refuser de connaître ce traité de San Stefano imposé par elle au sultan terrassé. En Asie, ses conquêtes au sud du Caucase ont provoqué les immédiates représailles de l'Angleterre. Des troupes britanniques ont franchi aussitôt les passes afghanes du Kheïber. Actuellement, l'empire indien possède au nord-ouest une frontière « scientifique, » et le traité d'alliance « défensive, » conclu le 4 juin avec le sultan, enferme toute l'Asie-Mineure dans la sphère de ces « intérêts britanniques » que lord Beaconsfield, au nom de l'Angleterre, a solennellement déclaré vouloir défendre les armes à la main.

* * *

« La Russie se recueille ! » disait à l'époque du traité de Paris, le prince Gortchakof. Voilà donc, après vingt-deux ans, les fruits de ce recueillement !

Certes, au lendemain de la lutte héroïque soutenue par les russes dans Sébastopol, au lendemain de la mort si tragique du tzar Nicolas, la Russie était encore très puissante. Elle avait même, quoique vaincue, grandi dans l'estime et dans le respect de l'Europe. Puis, les débuts du règne d'Alexandre II vinrent briller sur le monde comme une aurore. Sa grande œuvre de l'émancipation des paysans le sacra « bienfaiteur de son peuple. » L'avenir semblait donc sourire à ce jeune et pacifique empereur ; mais cet avenir s'est bien vite évanoui comme un songe pour faire place à la plus affligeante réalité. La rancune, un désir effréné de vengeance, une soif démesurée de conquêtes, tels maintenant apparaissent les seuls mobiles de la politique extérieure suivie, depuis vingt ans, au nom du tzar par le prince Gortchakof !

Dans son Étude si curieuse sur les « Deux Chanceliers » M. Julian Klascko a eu beau démontrer d'une manière irréfutable qu'en 1866 et en 1870 le prince Gortchakof avait bien réellement sacrifié à l'Allemagne les intérêts de la Russie, rien ne peut, paraît-il, troubler la conscience de l'octogénaire chancelier.

Si élevé que soit le chiffre de la population de l'empire russe, la Russie est tellement grande, que bien des territoires ne peuvent être, faute de bras, cultivés, bien des richesses naturelles ne peuvent être, faute de bras, exploitées! Cependant, nous venons de voir la Russie se faire machiavéliquement l'instigatrice d'une grande guerre, et sacrifier bénévolement des centaines de milliers de russes, pour ajouter de nouveaux territoires à son déjà trop grand empire.

Si nombreuses que soient ses armées, si abondantes que soient les richesses naturelles de son sol, la Russie, faute d'argent, n'a pas encore pu réaliser chez elle, ni pour ses armements ni pour ses chemins de fer, tous les progrès que se sont imposées dans ces dernières années les puissances occidentales. Cependant, nous venons de voir la Russie dépenser follement des milliards, et creuser ainsi devant elle le gouffre d'une banqueroute inévitable.

*
* *

Faire montre à l'Europe de l'alliance intime des trois empires : mais en même temps pousser sous main la Russie et l'Autriche dans une aventure qui les affaiblisse, et les tienne plus étroitement liées à l'empire allemand, telle a été depuis 1870 la politique du prince de Bismark. Il nous faut reconnaître, qu'au point de vue allemand, cette politique, surtout à l'égard de la Russie, est une politique prévoyante.

Sans doute, en dépit de tout traité, depuis l'annexion violente de l'Alsace-Lorraine, le prince de Bismark a grandement raison de considérer la France comme une ennemie devenue « héréditaire » ; mais si la France garde au fond de son cœur une très juste haine contre l'empire allemand, du jour où l'Alsace et la Lorraine lui seraient revenues, de gré ou de force, la France cesserait alors d'être l'ennemie de l'Allemagne. Toute autre est la Russie, aujourd'hui amie en apparence si intime de l'Allemagne, mais fatalement destinée à devenir un jour sa plus terrible, sa plus implacable ennemie.

Cet avenir, le prince de Bismark l'a certainement entrevu ; aussi s'est-il efforcé de l'éloigner le plus possible en paraissant favoriser les entreprises de la Russie contre l'empire ottoman. Pour ce qui est de l'heure présente, le prince de Bismark a calculé juste. Victorieuse, la Russie sort cependant singulièrement affaiblie de sa lutte contre le *turc seul*. La déception du peuple russe a été profonde. Profonde aussi est devenue sa misère. Or, en tous temps et en tous lieux, pour les nations comme pour les individus, toujours « la misère est mauvaise conseillère! »

En ce moment, l'empire russe subit une de ces crises sociales qui mettent en péril toutes les institutions. Certainement, la Russie triomphera de cette crise. Puis, lorsqu'elle en sera sortie, voyant la formidable puissance britannique lui interdire tout à la fois Constantinople, l'Asie-Mineure et les Indes, elle se verra contrainte de reprendre le grand dessein ébauché sur l'Extrême-Asie par son célèbre général Mourawief-Amorowski.

*
* *

L'Extrême-Asie, la Chine! Un empire de 400 millions de sujets, que d'archiséculaires coutumes retiennent comme enchaînés sur la « terre des ancêtres ! » Un empire, presque un continent, devenu trop petit pour nourrir tous les êtres humains qui y prennent naissance! Un empire, que dévore depuis tant d'années déjà une formidable misère, impuissante toutefois à faire baisser le chiffre de son innombrable population!

S'il est, au milieu des mille problèmes politiques que les hommes d'état prennent à tâche de compliquer, trop souvent pour le malheur des nations, s'il est à cette heure un problème qui se dresse et grandit, chaque jour plus menaçant pour la paix future du monde civilisé, s'il est une question de *Politique Mondiale* qui s'impose toute seule, sûrement c'est la question chinoise.

Selon que la question chinoise sera résolue, l'humanité se réjouira, ou bien l'humanité gémira. La Chine recèle vraiment en elle l'avenir du monde! L'histoire du vingtième siècle racontera aux générations futures les épouvantables avalanches des fils de l'Extrême-Orient roulant à travers toute l'Europe jusqu'à l'Extrême-Occident; ou bien, l'histoire du siècle qui va suivre le nôtre, enregistrera comme une ère heureuse pour l'humanité, l'exode continu des fils de « l'Empire du Milieu »; surtout l'histoire chantera leur définitive implantation sur cet immense continent africain, sur cette Afrique si vaste, que les 200 millions d'êtres humains qu'elle contient actuellement ne la peuvent remplir; si riche, que tous les chinois de la Chine entière y pourraient vivre grassement!

*
* *

Cependant, l'histoire nous apprend aussi que le bien et le mal volontiers se contrebalancent. On peut donc prévoir qu'il en sera de même dans la solution de la question chinoise. Probablement, l'Europe souffrira de certaines invasions qui, selon une loi historique bien connue, partiront de l'Extrême-Orient, se dirigeant vers l'Occident. Probablement aussi, l'humanité aura à se réjouir, le commerce et l'industrie des nations auront à profiter du travail de la race jaune en Afrique; mais ce qui est plus probable encore, c'est que ces avalanches sur l'Europe, de même que cette implantation en Afrique, toutes inévitables, toutes fatales qu'elles soient, seront hâtées, dirigées, coordonnées par l'orgueil et l'intérêt de deux puissances européennes : la Russie et l'Angleterre. Le bien et le mal marcheront ainsi, pour ainsi dire, parallèlement.

L'œuvre ébauchée sur le fleuve Amoor par le général Mourawief, sera continuée, étendue, développée par la Russie dans l'intérêt de sa politique traditionnelle, et selon le génie propre de la race slave. Les tribus mongoles et chinoises, sur lesquelles la Russie parviendra à établir sa domination, seront par elles façonnées pour la guerre, *militarisées;* et le jour où la Russie, à ses millions de soldats slaves, pourra joindre encore des millions d'autres soldats, la fièvre des conquêtes de nouveau la grisera. L'Himalaya, forteresse naturelle formidable, sera pour ses armées une barrière infranchissable. La Perse offrira aux russes, comme une fissure par laquelle ils pourront descendre jusqu'à la mer: mais ce ne sera pas sans combats, et sans doute sans échecs. Par les Indes et par l'Asie-Mineure, qu'un chemin de fer aura reliée à la Méditerranée, l'Angleterre alliée des turcs, finira par refouler l'invasion. Alors l'immense armée russo-chinoise poussera droit sur l'Occident. Alors ses chefs, tout gonflés d'orgueil, voudront s'acharner sur l'Europe, lui faire sentir le poids de la puissance moscovite, lui inspirer la terreur de la Sainte-Russie!...

Où viendra s'arrêter l'avalanche? Probablement sur le Rhin.

*
* *

Quant à l'Angleterre, fidèle de son côté à sa politique traditionnelle, et obéissant aux instincts de la race anglo-saxonne, dans l'intérêt de son commerce et de son industrie, elle s'efforcera de tirer le meilleur parti possible de la race jaune.

Il y a une trentaine d'années, déjà, que l'Angleterre a engagé la lutte avec l'empire chinois. Alors, il ne s'agissait pour elle que d'obtenir de lui plus de liberté dans la vente de l'opium récolté aux Indes. « Peu nous importe, disaient les anglais, que l'opium soit un poison, pourvu qu'il nous enrichisse ! » Il est douteux qu'aujourd'hui les anglais osent tenir ce même langage.

L'industrie de l'opium aux Indes est devenue assez lucrative pour faire délaisser les cultures autres que celle du pavot ; mais alors s'est dressée la noire famine, qui a fait parmi les indous tant de victimes, et forcé la métropole à de si grands sacrifices ! Puisse cette leçon « d'en haut » n'être pas perdue pour l'Angleterre !

Le gouvernement de la reine ne tiendra sans doute plus à faciliter aux chinois les moyens de s'empoisonner ; mais certainement, il s'efforcera de leur faciliter les moyens d'aller vivre hors de leur pays natal, puisque là ils ne peuvent plus guère que crever de faim !

L'Angleterre a constitué ses possessions de l'Afrique australe en un seul « dominium, » à la tête duquel elle a placé l'honorable sire Bartle Frère, le persévérant adversaire, l'ennemi acharné des trafiquants d'esclaves. L'Afrique australe, nous l'avons dit déjà, est destinée à être cultivée par la race jaune, qui y pénétrera au fur et à mesure que sous la pression de la misère et de la faim, les chinois s'expatrieront plus nombreux. Cette transplantation se fera sous l'impulsion de l'Angleterre, dont elle augmentera singulièrement la puissance et la richesse.

*
* *

Si l'avenir doit appartenir à la Russie et à l'Anglegleterre, n'y aura-t-il donc plus de place pour les autres nations?

Il nous semble, en effet, que l'Europe centrale est destinée à disparaître dans l'immense empire des tzars, puisant sans cesse de nouveaux soldats parmi les populations du nord de la Chine; mais il nous semble aussi que l'avenir verra les nations méditerranéennes groupées assez fortement pour résister victorieusement à tout choc, de quelque côté qu'il puisse venir.

Elles se constitueront, *souveraines et restant souveraines*, en Fédération.

LA FÉDÉRATION SERA LE SALUT ET LA GLOIRE DES NATIONS MÉDITERRANÉENNES.

LES CHEMINS DE FER CONTINENTAUX

7 Février 1879.

Le canal de Suez est destiné à profiter principalement aux nations maritimes. Il leur profitera chaque jour de plus en plus. Or, parmi ces nations, l'Angleterre a su se placer au premier rang. Donc, plus qu'à toute autre, le canal de Suez doit profiter à l'Angleterre; et nous en avons eu la preuve manifeste, lorsque par un coup de haute politique, le gouvernement de la reine, mettant à profit la détresse du khédive, s'est empressé d'acheter, au prix de cent millions, le droit de devenir le plus fort actionnaire dans cette « Société Universelle du Canal de Suez, » due à l'initiative et à la persévérance d'un Français, que cette œuvre illustre à jamais!

Une fois le canal ouvert, et avant même que le gouvernement britannique ait osé, comme l'a fait depuis Lord Beaconsfield, démasquer au monde entier tout l'intérêt que l'Angleterre attache maintenant à cette voie maritime, M. Ferdinand de Lesseps, comprenant fort bien quels services son œuvre était destinée à rendre au commerce anglais, voulut, dans une juste pensée d'équilibre, promouvoir en Asie une seconde œuvre d'importance égale pour le commerce général des nations, mais, en même temps, œuvre d'un intérêt tout particulier pour le commerce de la Russie, cette grande rivale future de l'Angleterre.

L'œuvre qu'il imagina fut la construction d'un chemin de fer continental reliant les Indes avec l'Europe à travers les montagnes et les hauts plateaux de l'Asie centrale; mais un tel projet, si favorable qu'il puisse se présenter pour le commerce général des nations européennes, si favorable même qu'il puisse devenir pour le commerce des Indes avec l'Europe, eût été en même temps une œuvre d'une importance stratégique tellement grande, que jamais les capitaux anglais n'auraient consenti à la faciliter.

Là, fut la pierre d'achoppement pour le projet de M. Lesseps; comme là aussi est l'écueil pour le projet plus restreint d'un éminent ingénieur, M. Cotard, concernant une ligne ferrée entre Orenbourg et Peschawer. Evidemment, l'intérêt commercial et politique de la Russie exige la construction de l'une de ces lignes; mais, pour accomplir un pareil travail, les millions manquent dans le trésor du tzar! Et, en dehors même de l'Angleterre, l'Europe, que le côté stratégique de ces projets a frappée également, paraît se soucier elle-même fort peu de faire avec ses propres capitaux le jeu militaire de la Russie. Donc, « Le Grand-Central-Asiatique » devant relier la Russie aux Indes et à la Chine, n'est point du tout à la veille d'être exécutable.

*
* *

Au contraire, il est un autre projet de chemin de fer asiatique qui ne tardera guère à être entrepris ; et ce sera justement son importance stratégique qui va le faire rapidement construire. Nous voulons parler du chemin de fer, dit de « l'Euphrate, » ou mieux « de la Mésopotamie, » destiné à relier la Méditerranée à la Perse, et plus tard aux Indes.

La politique orientale de l'Angleterre a suscité ce tracé ; les capitaux britanniques exécuteront cette ligne ferrée. Cependant, comme ce chemin de fer profitera dans une large mesure au commerce des nations méditerranéennes, nous applaudissons sincèrement à cette œuvre ; mais puisqu'elle est encore à l'étude, puisqu'il y a, parait-il, divergence, d'une part, entre les officiers et ingénieurs anglais qui proposent pour point d'attache Alexandrette, et d'autre part, Midhat, qui, comme gouverneur général de la Syrie, propose Tripoli, nous nous permettrons d'espérer que la préférence sera accordée à Kaïffa.

Entre Saint-Jean d'Acre et la montagne du Carmel, il existe une baie magnifique, — même la seule de toute la côte syrienne, — qui offre par tous les temps un bon et sérieux mouillage. De Kaïffa, le chemin de fer irait traversant cette admirable plaine d'Esdrelon, si propre à la culture. Il contournerait le Mont-Thabor, avoisinerait Nazareth, longerait ensuite le lac Tibériade, et gagnerait la capitale de la Syrie, Damas, pour se confondre jusqu'à Bagdad avec le tracé déjà adopté.

*
* *

Le chemin de fer de la côte syrienne à la Mésopotamie sera l'une des plus importantes lignes ferrées de l'empire ottoman ; mais il ne pourra jamais devenir la voie magistrale, la *ligne-mère* qui donnerait à l'empire cette « unité morale et politique » dont l'absence se fait à cette heure sentir si cruellement.

Le « Grand-Central-Ottoman » a été, il y a près de vingt ans, étudié déjà et proposé par des officiers anglais ; nous possédons dans nos cartons le tracé lithographié de leur projet. Le Grand-Central-Ottoman n'est autre que la ligne déjà partiellement exécutée en Europe, laquelle, se reliant aux chemins de fer austro-hongrois, part du Danube, touche Constantinople, enjambe la Bosphore, et traverse en diagonale toute l'Asie-Mineure, pour aboutir à Bagdad.

Sûrement, un jour cette ligne sera exécutée ; sûrement aussi, elle se prolongera plus tard à travers la Perse et l'Afghanistan pour se relier aux chemins de fer indiens, de telle sorte que, sans transbordement, les voyageurs et les marchandises pourront un jour circuler de Paris ou d'Anvers, jusqu'à Bombay, ou jusqu'à Calcutta.

Alors, là comme partout, il se fera un classement dans les produits. La voie maritime étant beaucoup moins coûteuse, les marchandises encombrantes et de peu de valeur seront expédiées par mer ; les autres fileront sur la voie ferrée ; mais entre l'empire indo-britannique et l'Europe, le mouvement commercial deviendra si important, qu'il sera suffisamment rémunérateur pour le chemin de fer, aussi bien que pour le canal de Suez.

***

De même que l'Asie, l'Afrique est devenue pour la *Politique Mondiale* un vaste champ dont chaque jour augmente l'importance.

Lorsque l'on voit les États-Unis d'Amérique opérer chez eux une véritable révolution économique ; lorsque l'on assiste à la création d'une « industrie américaine » qui remplacera bientôt pour toute l'Amérique les produits fabriqués dans l'ancien continent, il semble fort heureux pour notre vieille Europe, que son commerce et son industrie puissent trouver ailleurs de nouveaux produits naturels et de nouveaux débouchés.

L'Afrique, avec 200 millions d'habitants, avec les richesses naturelles, en quelque sortes inépuisables, d'un sol tour à tour inondé par les pluies, et chauffé par le soleil, l'Afrique se trouve justement là pour atténuer, pour apaiser cette crise commerciale, que des armements excessifs et des guerres continuelles menacent de rendre si désastreuse.

Déjà l'Angleterre l'a compris, et déjà aussi l'Angleterre s'est mise à l'œuvre. Dans vingt ans, dans dix ans peut-être, la presque totalité de l'Afrique australe sera devenue pour elle *une deuxième Inde*. A l'empire asiatique qu'aujourd'hui elle possède, l'Angleterre aura su joindre un empire africain!

L'Afrique australe sera par elle sillonnée de routes. Pour le mieux posséder et pour l'exploiter mieux, l'Angleterre construira dans son *Dominium* africain, tout un réseau de chemins de fer. Déjà, avant même que son voyage d'exploration, de Bagamojo à l'embouchure du Congo, l'ait rendu si célèbre, le commandant Cameron avait recommandé la création d'un chemin de fer entre la côte occidentale de l'Afrique et le lac Taganiyka, près duquel se trouve établie dans d'excellentes conditions une colonie d'écossais.

Hâtons-nous d'ajouter que pour ses chemins de fer de l'Afrique australe, l'Angleterre voudra certainement suivre l'exemple donné par les américains, lorsqu'ils construisirent leur ligne continentale reliant San-Francisco à New-York. Toute la partie occidentale de cette gigantesque voie ferrée, y compris le passage si difficile à travers les Montagnes Rocheuses, a été exécutée par des chinois avec une rapidité vraiment merveilleuse.

De même, les chinois exécuteront pour l'Angleterre

tous les chemins de fer qu'elle voudra construire dans son futur empire africain.

*
* *

Déjà, aussi, les portugais, dans leur capitainerie-générale de Mozambique, paraissent vouloir se mettre également à l'œuvre. Le parlement vient, parait-il, de voter 40 millions destinés à doter de routes la colonie.

En même temps, sur la côte africaine de la mer Rouge, nous voyons les italiens faire les efforts les plus persévérants, afin de prendre pied en Afrique et de coloniser cette magnifique région abyssinienne, appelée le Shoa. Puissent ces efforts être enfin couronnés de succès !

*
* *

Dans l'Afrique méditerranéenne, déjà l'Egypte, l'Algérie et même la Tunisie sont sillonnées par des chemins de fer; mais, même celui que le khédive a pompeusement qualifié : « chemin de fer du Soudan », tous ses railways ne sont que des « lignes régionales. »

Aucune de ces voies ferrées ne paraît avoir un caractère vraiment continental. Lorsqu'il s'agit de l'Afrique boréale, pour qu'un tracé offre un tel caractère, il faut qu'il ait été étudié en vue de cette région centrale, immense et si peuplée que l'on appelle communément le Soudan.

L'année dernière, nous disions à ce sujet, et nous répétons encore aujourd'hui : « Étant données la po-« pulation du Soudan et les ressources de la région « soudanienne, nous sommes convaincu que, du jour « où un chemin de fer aura touché cette région, vingt « années ne se passeront pas sans qu'une seconde voie « ferrée ne vienne, pour ainsi dire, à la *rescousse*, « sur la demande même du commerce de l'Europe, « afin de tirer un parti plus fructueux encore de l'im-« mense Soudan. »

Il y a déjà bien des années que l'étude de la géographie et de l'économie politique, ainsi que la lecture du voyage de Barth, nous ont poussé à nous occuper du Soudan.

En 1869, dans un discours au corps législatif, M. Gressier, ministre du commerce, recommanda très chaudement l'étude de l'Afrique centrale. Nous avons eu alors, à ce sujet, avec le ministre un long entretien, à la suite duquel nous avons publié une brochure sous ce titre : *Esquisse d'un projet de colonisation de la Cyrénaïque.*

Dès cette époque, notre plan était arrêté. Pour nous la Tripolitane, et surtout le Fezzan, l'antique Phasania, étaient toujours, comme dans les temps anciens, la meilleure route pour pénétrer dans le Soudan ; mais la colonisation, le repeuplement du promontoire cyrénéen nous apparaissait alors comme une opération préalable absolument nécessaire.

C'est dans ce sens que nous avons écrit, en 1870, une note, non destinée à la publicité, et dans laquelle nous indiquions les moyens de procéder à ce repeuplement, *selon la méthode américaine*, mais en respectant scrupuleusement la souveraineté du sultan.

Par courtoisie pour la science allemande, qui, la première, s'est occupée du Soudan, nous avons cru, en juin 1870, devoir remettre une copie de cette note à l'ambassadeur de la Confédération de l'Allemagne du Nord. Au milieu des hautes préoccupations politiques du moment, mais avec cette ponctualité qui caractérise la diplomatie allemande, à la veille même de son départ pour Ems, le baron de Werther voulut bien nous écrire pour nous « accuser réception de « cette note, et nous informer qu'il allait la transmettre « à son gouvernement. »

*
* *

La guerre vint interrompre nos études. Lorsque nous les avons reprises, comme les événements qui se succédaient en Turquie ne permettaient guère de penser à réaliser la colonisation de la Cyrénaïque, même avec les procédés américains, si peu coûteux et si rapides, nous nous sommes adonné à étudier la transformation de la route antique des caravanes, à travers le Fezzan, en un chemin de fer partant de la côte, et aboutissant au lac Tsàd. Les relevés astronomiques de Vogel, les cotes très précises que nous ont fournies les Mittheilungen, des renseignements inédits qui nous sont parvenus par la voie de trafiquants arabes, nous ont permis de fixer l'avant-projet de ce chemin de fer. Un officier très distingué de l'armée française, le commandant Charles D., a bien voulu nous prêter son précieux concours. D'après nos croquis, il a dessiné, à l'échelle de 1 millionième pour le tracé, et à l'échelle de 1 dix millième pour le profil, tout le chemin de fer, depuis le cap Misratah jusqu'à Koûka, et il a signé cet avant-projet en mars 1875 (1).

(1) Le 20 mai 1876, nous avons cru devoir adresser au Ministère des affaires étrangères un Mémoire ayant pour titre : *La Turquie possède dans la Tripolitane la clé du Soudan, et cette clé est la seule!*

Dans ce Mémoire, nous avons indiqué le tracé du chemin de fer tripolitain à partir du cap Misratah, jusqu'à Koûka. C'est en réponse à cet envoi que nous avons reçu du ministre la lettre suivante :

MINISTÈRE
DES
AFFAIRES ÉTRANGÈRES

Paris, le 12 juin 1876.

« Monsieur, j'ai reçu, avec la lettre que vous m'avez fait « l'honneur de m'écrire, le 20 du mois dernier, le Mémoire « sur la Tripolitane, qui s'y trouvait annexé.

« Je vous remercie, Monsieur, de cette communication qui « ne pouvait manquer d'intéresser mon département.

« Recevez, Monsieur, les assurances de ma considération « distinguée.

« DECAZES. »

*
* *

De la mer au lac Tsàd, la ligne *Soudan-Méditerranée* aurait 2,234 kilomètres de longueur. Elle gravirait par des pentes insensibles le col de Nischka, — Mont Haroutsch-el-Assouat — élevé de 625 mètres au-dessus du niveau de la mer. Elle desservirait les villes de Bondjem, Sokna, Mourzouck, ainsi que la grande oasis de Bilma, où viennent se ravitailler de sel toutes les caravanes du Soudan.

En l'état actuel des choses, 60 stations, sous forme de villes, bourgades, oasis, ou simples puits, sont échelonnées le long de ce tracé. La seule portion de véritable désert à traverser, est ce que l'on appelle le « désert de Tintouma, » dont la longueur n'est que de 120 kilomètres.

Vu le bon marché actuel du fer, la construction, *à l'américaine*, de cette ligne, ne dépasserait certes pas 250 millions de francs. Lorsque nous jugerons l'heure venue, nous exposerons plus en détail les avantages de cette ligne, et les moyens les plus économiques et les plus pratiques pour parvenir à sa prompte et complète exécution.

Depuis que l'étude de cette ligne a été par nous terminée, nous avons éprouvé une double satisfaction. Le célèbre docteur Nachtigal, qui comme Barth a séjourné plusieurs années dans la Tripolitaine et dans la région du Tsàd, est revenu d'Afrique, préconisant la route qui part de Bengazi, — Cyrénaïque, — et passe par le Fezzan, comme la voie préférable à toutes autres pour pénétrer dans le Soudan.

Après lui, un autre explorateur allemand, M. Gerhard Rholfs, qui connaît si bien le Sahara, depuis le Maroc jusqu'au Wadaï, est aussi revenu d'Afrique avec cette conviction que la route qui passe par Mourzouk et Bilma, est la route indiquée par la nature pour être transformée en chemin de fer.

Fort maintenant de leur opinion, nous répéterons donc aujourd'hui plus que jamais ce que, depuis dix ans, nous disons à nos amis :

La Tripolitane est la vraie clé du Soudan.

Le chemin de fer Soudan-Méditerranée, — *du cap Misratah au lac Tsàd*, — sera le véritable Grand-Central de l'Afrique.

FONDATION

D'UNE ÉCOLE « LIBRE » DU GÉNIE COLONIAL

12 mars 1879.

Dans le chapitre précédent sur les « Chemins de fer continentaux, » nous avons dit que la politique coloniale de l'Angleterre visait l'Afrique australe, et paraissait considérer le Dominium actuel du Cap, de Natal et du Transvaal comme l'embryon d'un futur empire anglo-africain.

Il y a un mois, on ignorait encore en Europe le récent désastre qui vient de frapper l'armée anglaise dans le *Zoulouland.* Aujourd'hui, l'Angleterre pleure la mort héroïque de ses enfants; mais déjà elle s'apprête à les venger. Déjà même, un corps d'armée considérable, pourvu d'une artillerie nombreuse, est en route pour le Cap, et certainement, dans peu de temps, la monarchie des zoulous sera, sinon détruite, du moins vassalisée.

Dorénavant, le voisinage de belliqueux barbares aura cessé d'être pour le pays de Natal un danger; mais sir Bartle Frere, disciple fidèle de l'*Ecole de Bombay*, n'en continuera pas moins, imperturbable, à profiter de toutes les occasions, — voire même à les faire naître, — pour s'avancer peu à peu dans l'Afrique australe, pour la conquérir et la transformer au profit de l'Angleterre en un empire colonial dont la grandeur ne peut manquer d'égaler un jour la grandeur actuelle de son empire colonial des Indes asiatiques.

*
* *

C'est affirmer un principe, généralement admis, de la science sociale, quand on déclare que la vitalité d'une nation se mesure à l'importance et à l'expansion de ses colonies. Une nation qui *essaime*, une nation qui colonise, est une nation pleine de sève. Toute colonie est un épanouissement; mais gardons-nous de confondre!

L'émigration, celle que l'on appelle très justement « l'émigration pauvre » n'est pas du tout pour la mère patrie la même chose que la colonisation. De nos jours, l'incessant exode des fils de la verte Erin, de même que celui des enfants de la continentale Deutschland sont là pour nous le confirmer.

Les irlandais et les allemands n'émigrent que parce qu'ils souffrent dans leur pays natal. S'ils partent, c'est pour se *dépayser*. S'ils vont vivre loin de leur patrie, c'est afin de se *dénationaliser*. Que cette expatriation volontaire soit le résultat de certaines fautes de la part des gouvernements, ou bien la conséquence de certain vice ou de certaine faiblesse chez les gouvernés, peu importe ! Seulement, nous pouvons dire des allemands comme des irlandais : ils ne sont que des *émigrants* ; ils ne sont pas des *colons !*

*
* *

Une colonie est comme le prolongement de la mère patrie. Pour qu'un émigrant puisse être qualifié de « colon, » il faut qu'il fasse partie d'un groupe plus ou moins nombreux d'émigrants comme lui, venus pour exploiter un territoire conquis par les armes, ou acheté à quelque chef de peuplade barbare. Il faut que ces émigrants continuent de demeurer attachés à la métropole, et régis par les lois générales de la mère patrie. D'ordinaire, celle-ci les fait bénéficier de quelque *Charte spéciale*, qui laisse carrière plus large à l'initiative individuelle.

Cette charte est assurément pour la colonisation un stimulant très énergique. Déjà, dans les temps anciens, il en était ainsi. « Les colonies par leur « nature même, voient naître chez elles et font mûrir « le fruit de la liberté, » dit Heeren, dans son *His-*

toire du commerce chez les peuples de l'antiquité.

Une colonie peut surgir d'une ferme, d'un comptoir, ou d'un camp. Une colonie peut être agricole, commerciale, ou militaire, selon que la métropole contient plus d'agriculteurs ou de commerçants; selon que la situation de la colonie est plus essentiellement stratégique, ou plus favorable au commerce ; ou bien encore, selon que son sol est plus riche et plus fécond.

Hâtons-nous d'ajouter qu'une colonie peut être en même temps militaire, commerciale et agricole. Parfois, on voit une colonie se transformer peu à peu en un vaste *Dominium*, grandir jusqu'à ce point de devenir un empire colonial, et parvenir même à dépasser énormément en importance, en grandeur, en population et en richesse, la métropole qui l'a créée et a su la développer.

* * *

Pour la colonie qui l'accueille, l'émigrant pauvre peut être assimilé au colon. Son travail, en effet, s'ajoute au travail des colons. L'arrivée continue des émigrants dans une colonie semble pour elle un signe manifeste de prospérité, et le sûr présage de sa force future; par contre, le continuel départ de nombreux émigrants est pour la mère patrie l'indice certain d'un malaise grave, et le présage d'un futur affaiblissement.

Cette dernière conséquence vient, pour l'Allemagne, d'être mise de nouveau en lumière. L'attention du monde politique allemand est à cette heure péniblement excitée par le dernier *Rapport de la Société de Francfort pour les études géographiques et statistiques.*

L'auteur de ce Rapport, M. Moldenhauer, constate que « l'émigration allemande ne fonde rien de dura-
« ble. Partout où l'allemand s'établit, il perd les
« premières années à apprendre la langue du pays,
« à se familiariser avec ses lois, son esprit ; il use ses
« meilleures forces à lutter contre la misère. Quand
« il a réussi à assurer sa vie, il perd pour ainsi dire
« sa nationalité. Dès la seconde génération, l'émi-
« grant allemand ne parle plus que difficilement sa
« langue maternelle ; à la troisième génération, il n'en
« comprend plus un mot. Le caractère allemand et
« la langue allemande sont absorbés. Ceci se passe
« au Canada, aux États-Unis, en Australie, en Algé-
« rie, partout en un mot. Aussi, a-t-on appelé avec
« raison le courant de l'émigration qui se porte prin-
« cipalement vers l'Amérique, et qui prive la mère
« patrie d'une force sensible, — un grand fleuve de
« sang, qui coule de l'Allemagne vers le nouveau
« continent. » Dans ces cinquante dernières années, l'Allemagne a perdu par l'émigration 4 millions d'âmes, c'est-à-dire 80 mille âmes par an. — Pendant les quelques mois qui ont suivi la crise politique de 1848, l'émigration allemande a atteint le chiffre de 200 mille départs ; — mais le journal *Le Temps* nous apprend

que, par sollicitude pour l'armée allemande, M. de Bismark s'est décidé à réglementer rigoureusement les autorisations de sortie. Aussi l'émigration qui, en 1873, avait enlevé à l'Allemagne 134,591 personnes, n'a-t-elle pu, en 1878, en emporter que 46,286 !...

Lorsqu'il retient ainsi malgré eux sur le sol germanique des hommes qui le veulent quitter, le chancelier ne fait certainement qu'augmenter le malaise actuel, et rendre plus intense la crise sociale dont souffre en ce moment l'Allemagne. Plus sage fut l'Angleterre à l'égard de l'Irlande, lorsqu'elle se décida à modifier les lois d'un régime foncier exceptionnel, dernier vestige des persécutions religieuses d'un temps qui n'est plus !

*
* *

Parmi les races latines, les italiens n'ont guère eu jusqu'à ce jour que des « comptoirs ; » de même que leurs ancêtres, les romains, après avoir conquis tout le bassin de la Méditerranée, et presque tout le monde connu alors, n'ont eu jamais que des « colonies militaires » postées sur les confins de l'empire.

Au contraire, les espagnols, les portugais et les français ont pendant des siècles tenu dans l'histoire le premier rang par l'importance, l'étendue et la richesse de leurs colonies et de leurs empires coloniaux.

Cette splendeur coloniale n'existe plus pour eux. Aujourd'hui, après avoir perdu le Brésil, devenu empire autonome, les portugais en sont réduits à ne posséder plus que quelques comptoirs sur la côte occidentale de l'Afrique, la magnifique capitainerie-générale de Mozambique, et Macao, — une porte ouverte sur la Chine!

De son côté, l'Espagne a perdu toutes ses immenses possessions dans l'Amérique centrale. Cuba seule, cette perle des Antilles, et les Iles Philippines lui restent actuellement.

Au dix-huitième siècle, sous le règne néfaste de Louis XV, la France a perdu à peu près en même temps, et cette admirable colonie du Canada, et presque toutes ses conquêtes dans les Indes. Ni l'audacieux génie de Dupleix, ni le dévouement héroïque de Montcalm ne purent triompher de l'ineptie et de la lâcheté des conseillers du roi. A son tour, la République perdit Saint-Domingue, et Napoléon Ier se crut forcé de vendre aux américains la Louisiane, ainsi que toute la vallée du Mississipi jusqu'aux lacs supérieurs!

Aujourd'hui, la France nouvelle possède quatre *Dominium* coloniaux de premier ordre : l'Algérie, le Sénégal, la Cochinchine et la Nouvelle-Calédonie.

Ces quatre *Dominium* prospèrent. Ils se sont développés, pour ainsi dire, spontanément, au milieu des hésitations, des tâtonnements des chefs que leur envoient les caprices de la métropole. Peut-on dire qu'ils aient été, jusqu'à ce jour, colonisés? Colonisés, c'est-à-dire. exploités avec sagacité par le travail individuel, en même temps que sagement administrés par des chefs éclairés? Evidemment, non.

Comment donc en pourrait-il être autrement? Est-ce que les chefs de l'armée qui s'empara d'Alger et prit pied en Afrique, connaissaient quelque chose de cette société musulmane, des mœurs de ces kabyles sédentaires et de ces arabes nomades qu'ils allaient administrer? Est-ce qu'il y a vingt ans, les officiers de la marine avaient pu d'avance se renseigner suffisamment sur cette société asiatique, sur les mœurs de ces cochinchinois qu'ils allaient gouverner?

Et depuis cinquante ans que nous possédons l'Algérie, depuis vingt ans que nous possédons la Cochinchine, le développement de ces deux *Dominium* ne s'est-il pas péniblement opéré au milieu des continuelles entraves de mille règlements, ordonnances, etc., etc.? Supposez l'Algérie et la Cochinchine tombées depuis ce même laps de temps dans des mains anglo-saxonnes, et pensez à ce qu'elles seraient aujourd'hui!

C'est qu'il le faut reconnaître et admettre : seul, en notre siècle, seul l'anglo-saxon sérieusement colonise; et seul il colonise, parceque les familles *de sa race seule essaiment* avec une régularité en quelque sorte mathématique.

*
* *

La Famille! Telle est la toujours vraie et unique entité sociale.

Partout et en tous temps, les lois qui entravent la liberté de cette entité sociale au point de la rendre impropre à l'essaim, impropre à la colonisation, ces lois-là sont des lois funestes. Toute race qui ne colonise point est une race qui souffre, et penche vers la décadenee.

Dans notre siècle, la race anglo-saxonne seule colonise. Les cadets des familles anglaises administrent ou exploitent l'immense empire des Indes en même temps qu'ils élèvent la si lointaine Australie à un degré de splendeur agricole vraiment inouïe dans l'histoire. Bientôt l'Angleterre possédera aussi presque toute l'Afrique australe, et gouvernera cent cinquante millions de noirs! Va-t-elle profiter encore du malencontreux ébranlement suscité par la Russie dans l'empire ottoman, pour transformer l'Asie-Mineure en une sorte de colonie britannique, de même que ses résidents et ses capitaux ont fini par lui donner la prépondérance en Egypte?

Faut-il souhaiter voir une guerre éclater, qui l'arrête dans ses conquêtes et dans ses annexions coloniales? Non certes, car toute guerre entre puissances européennes nous semble une guerre fratricide.

Alors, que faire? Essayer de l'imiter, essayer de coloniser.

Est-ce possible, cela? Peut-être. Sans doute, nous n'y pourrons pas parvenir dès demain; mais qu'est-ce pour une nation qu'une période de dix ans, vingt ans même? A peine dans la vie d'un homme l'équivalent d'un jour!

*
* *

La famille française actuelle ne possède plus de « cadets; » mais notre société française a toujours des familles qu'on peut appeler « cadettes », de même qu'elle a encore des familles qu'on peut appeler « aînées. » Les *Familles aînées* sont celles qui jouissent d'une fortune plus ou moins grande; les *Familles cadettes* sont celles qui doivent travailler pour vivre.

Lorsqu'il s'agit de colonisation, l'Angleterre s'appuie particulièrement sur les cadets des familles anglaises. Essayer de l'imiter servilement, serait donc une sottise; mais, nous inspirant des principes qui la guident, et tenant un juste compte de l'état actuel de la société en France, nous nous proposons, afin de *promouvoir* parmi nous la colonisation, de nous appuyer tout d'abord et tout particulièrement, sur ces familles que nous venons d'appeler les « familles aînées » de la société française.

Jusqu'à ce jour, les fils de ces familles riches ont

aspiré à certaines hautes fonctions publiques, et beaucoup, il le faut reconnaître, s'y sont préparés sérieusement par de fortes études. Le radicalisme, qui tend à s'implanter dans l'Etat, les tient aujourd'hui pour suspects, s'ils ne consentent pas à donner des gages tels que, naturellement, ils répugnent à la conscience des délicats et des fiers.

L'oisiveté va donc saisir les plus forts parmi ces fils de famille, alors que déjà elle a déformé les plus faibles, et les a travestis en « gandins, gommeux, gâteux, » ruinés souvent, abêtis toujours par ces modernes hétaïres, « cocodettes, belles-petites, amintas, » aussi cupides que sottes invariablement.

Plutôt que de devenir boudeurs et oisifs, ces jeunes gens doivent tenir à honneur de servir, sinon le gouvernement qui les dédaigne ou les suspecte, du moins toujours la France.

Ils le peuvent, soit en continuant de vivre sur le sol français, soit en se proposant d'émigrer pendant les premières années de leur jeunesse, s'ils consentent tout d'abord à s'adonner à l'étude de la *Science Sociale*, dont la « science coloniale » n'est évidemment qu'un rameau.

Notre époque, si fertile en révolutions et en catastrophes, marquera aussi dans l'histoire par ses travaux de recherches, d'investigations, d'analyse et de synthèse. Le passé de plus de quarante siècles a été de nos jours fouillé, interrogé, contrôlé, et méthodiquement condensé. Comme toutes les autres sciences, la science sociale a maintenant une bibliothèque nombreuse. Il est bon qu'elle ait son enseignement régulier et permanent.

*
* *

Les bases normales de toute société sont à cette heure aussi ébranlées en Europe qu'elles le sont en France.

L'étude de la science sociale sera donc aussi utile à la jeunesse des autres nations qu'elle le sera à la jeunesse française.

Les peuples du continent européen semblent avoir presque complètement perdu la notion vraie de l'*Autorité*. N'ont-ils pas perdu également la notion vraie du *Droit des Gens*? On le croirait, en voyant ce que l'Europe a laissé s'accomplir!

Ce sera l'honneur du gouvernement de la République française d'avoir protesté par la bouche de M. Waddington, et d'avoir voulu prendre pour règle de sa conduite à l'extérieur : « La politique des mains nettes. »

Il est grandement temps, en effet, que des contrées, des provinces, des populations cessent d'être l'objet d'intrigues souterraines et de trocs singuliers. Il est grandement temps d'en finir avec cette politique basse de « pourboires » et de « courtages » plus ou moins « honnêtes ».

Il est grandement temps d'aviser sérieusement aux

moyens d'activer le commerce qui partout languit, et d'alimenter les industries qui, partout, menacent de chômer.

Sur les bords de la Méditerranée, il y a des territoires fertiles à cultiver. Il y a l'Asie-Mineure à revivifier. Il y a, plus loin, le Soudan, le Shoa, l'Abyssinie, et plus loin encore l'Afrique australe, c'est-à-dire, deux cents millions de noirs à civiliser, les richesses naturelles de contrées immenses à introduire dans le commerce, et à payer en produits fabriqués par des mains européennes.

N'y aura-t-il pas grand honneur à tenter de telles œuvres, et profit certain à les réaliser?...

Nous concluons : **Une Ecole « libre » du génie colonial est un besoin pour l'Europe, — une nécessité pressante pour les nations méditerranéennes.**

LA FRANCE ET L'ORIENT MÉDITERRANÉEN

10 avril 1879.

Le 3 mai prochain, en vertu du traité de paix signé par le tzar et par le sultan, l'armée russe doit avoir complètement évacué la Bulgarie et la Roumélie-Orientale ; mais ceux-là qui ont pu croire à la pacification complète de l'Orient courent grand risque de s'être trompés. Depuis deux mois, toutes les correspondances de Philippopoli et de Constantinople signalent une imminente levée d'armes. Excités et armés par les Russes, les Bulgares de la Roumélie menacent de s'opposer au passage des troupes turques qui, d'après le traité de Berlin, ont le droit d'aller occuper les Balkans. Des bandes bulgares s'organisent, et, commandées par des officiers russes, elles s'exercent journellement au maniement des armes et aux manœuvres militaires. Le printemps, qui devait apporter la paix, va donc ressusciter la guerre; une guerre de races, une guerre de religion est donc à la veille d'ensanglanter ces belles provinces, et de décimer ces malheureuses populations. Prince Gortchakof, merci pour l'humanité! merci pour l'Europe! Une fois encore, avant de mourir, vous aurez bien mérité d'elles!

Cependant, la diplomatie paraît vouloir empêcher cette nouvelle prise d'armes. Dieu veuille que ses efforts soient cette fois-ci couronnés de succès! On parle de contingents militaires qui seraient fournis par plusieurs puissances, — à l'exception toutefois de la France et de l'Allemagne, — pour occuper pendant un an, et peut-être plus encore, la Roumélie-Orientale.

Ce projet est-il exécutable, et sera-t-il exécuté à temps? Nous n'osons pas l'affirmer. Combien de fois, depuis trois ans, la diplomatie n'a-t-elle pas vu déjouer ses plus laborieux efforts? Lorsqu'une mine a été creusée de longue main, bourrée de poudre, et que le feu est à la mèche, comment espérer pouvoir empêcher l'explosion?

*
* *

De grâce, pas d'illusion! l'indépendance de la race bulgare, sa dignité, son bonheur, sont sans doute choses très respectables; mais n'étant vraiment pas en péril à cette heure, couvertes par la sollicitude et les précautions de la diplomatie, elles ne sont réellement qu'un prétexte. La mine creusée par les intrigues moscovites, est dirigée contre l'empire ottoman lui-même.

Elle menace son existence. Si elle éclate, c'est l'empire ottoman qui, tout entier, s'écroule; mais c'est en même temps le traité de Berlin déchiré et mis en pièces.

C'est la diplomatie russe faisant revivre son fameux traité de San-Stefano. C'est le prince Gortchakof donnant ainsi à toute l'Europe de sa main octogénaire un soufflet prodigieux; mais c'est aussi l'Angleterre contrainte, pour sauvegarder ses intérêts personnels, à couvrir le Bosphore par les armes britanniques. C'est le Sultan, descendu au rang du prince de Monaco, et réduit à la souveraineté directe de Constantinople et d'une petite banlieue; car c'est l'Asie-Mineure passant peu à peu sous la domination réelle de l'Angleterre. C'est la reine Victoria, c'est l'impératrice des Indes annexant un jour à ses domaines coloniaux toute l'Anatolie. C'est l'empire indo-britannique venant un jour à s'étendre de Calcutta jusqu'à Port-Saïd et jusqu'à Smyrne, jusqu'à Sinope, et jusques au Bosphore.

*
* *

L'Europe, la France, l'Angleterre même peuvent-elles vouloir cela? Non, l'Angleterre elle-même se refuse à le désirer. Elle ne le doit donc pas vouloir.

Quant à l'Europe, elle ne le veut certes pas. Peut-être seul, dans l'intérêt futur de l'empire allemand, le prince de Bismarck n'est-il point au fond très opposé à une telle solution, pour l'Asie, de la question ottomane. Il ne doit pas lui sembler très désagréable que l'Angleterre grandisse énormément. Plus les annexions coloniales de l'Angleterre la rendront riche et puissante, plus l'Angleterre deviendra grande, et plus la France en paraîtra diminuée, plus l'influence française dans le monde en sera amoindrie. Cette pensée seule doit faire souvent sourire le haineux chancelier...

Et puis, le prince de Bismarck a su préparer pour l'Allemagne de sérieuses compensations. L'Autriche, cette alliée de l'empire tudesque si complaisante et si souple, poussera ses bataillons jusqu'à Salonique. Désormais, la mer Egée baignera des rivages possédés par une puissance de race allemande. La race hongroise cessera d'être prédominante dans l'empire autrichien.

En même temps, voici qu'on commence à parler du prince de Reuss, — un prince allemand, — comme candidat au trône de Bulgarie (1). Deux souverains, tous deux de race allemande, à la tête des deux nations qui gardent les bouches du Danube ! N'est-ce pas préparer la germanisation de ce grand fleuve, qui, de même que le Rhin, doit devenir allemand depuis sa source jusqu'à son embouchure, et ne couler jamais que sur des terres allemandes ?

Mais, si le prince de Bismarck réussissait à envelopper dans le giron allemand tous les peuples qui vivent

(1) C'est un autre prince allemand, le prince de Battenberg, qui a été nommé.

près du Danube, la Russie ne se verrait-elle pas alors frustrée de tous les avantages qu'elle a voulu obtenir par ses intrigues et par ses armes? Si, au contraire, le prince Gortchakof parvenait à vassaliser la Bulgarie, la Serbie et la Roumélie-Orientale, quelle importance pourrait avoir pour l'Allemagne une pointe sur la mer Egée, position exposée à être prise de flanc, partant, position précaire?...

L'Europe ne doit certainement pas se désintéresser tout à fait de la question danubienne; mais combien plus importante est pour elle la question de la Roumélie et de la Macédoine? Ici, se trouve en jeu l'intérêt de toutes les nations que baigne la Méditerranée. Ici gît une question vraiment méditerranéenne. Quelle solution l'Europe entend-elle donner à cette question?

*
* *

« Nous voulons conserver l'Empire Ottoman. » Tel fut le dernier mot de la diplomatie réunie, à Berlin, en Congrès.

A moins d'être taxée d'inconséquence et de se ridiculiser aux yeux de l'Europe, la diplomatie est donc aujourd'hui tenue de faire respecter les décisions du congrès, et de faire exécuter, même *manu militari*, les prescriptions que lui a dictées une clairvoyante prudence. Aussi, la voyons-nous à cette heure s'efforcer d'organiser un contingent de troupes multicolores, qui devront représenter l'Europe en Roumélie, et assurer la complète exécution du traitée de Berlin...

Mais, lorsqu'il a voté pour le maintien de l'empire ottoman, le congrès a voulu en même temps affirmer la nécessité de certaines réformes dans l'empire. De son côté, le sultan s'est engagé à supprimer les abus dont on lui a signalé la gravité et le danger.

Entre l'Europe et l'empire ottoman un contrat synallagmatique existe donc aujourd'hui. L'Europe s'est engagée à protéger l'empire; de son côté, le sultan s'est engagé à réformer de nombreux abus, dont souffrent aussi bien les musulmans que les chrétiens dans ses états.

Si l'Europe exécute ses promesses, le sultan ne peut tarder lui-même de remplir ses engagements. Il y est tout disposé, nous le savons de source sûre. Seulement sa bonne volonté semble comme stérilisée par ses défiances. N'y a-t-il donc pas en Europe une puissance qui lui puisse inspirer sérieuse confiance?

N'y a-t-il pas la France?

*
* *

Oui, la France! En politique, comme en toutes choses, les mêmes causes produisent presque toujours les mêmes effets. Le roi François Ier, luttant contre l'empereur Charles-Quint, n'hésita point à contracter alliance avec Soleyman. Or, ce que la France royale a fait, la France républicaine a son tour l'aurait dû faire, puisqu'il semble avéré que c'est la politique du prince de Bismarck, plus encore que celle du prince Gortchakof, qui depuis trois ans ébranle la Turquie pour la mieux dépecer.

La politique de la France se trouve alors toute tracée. Elle doit s'efforcer de contrecarrer la politique allemande. Elle doit travailler à consolider l'empire ottoman.

Disons-le tout de suite, la France a fait à peu près ce qu'elle devait faire. Elle n'avait pas à tirer l'épée pour les Turcs, puisque ni l'Autriche, ni l'Angleterre, encore plus immédiatement qu'elle intéressées au maintien de la Turquie, ne se décidaient pas à opposer leurs armes aux armes de la Russie; mais, à Berlin, après la clôture du congrès, le premier plénipotentiaire de la France a prononcé ce que l'on peut appeler « le mot de la fin. »

L'histoire a déjà enregistré cette phrase si bien timbrée, cette phrase d'un accent si français! Elle restera comme la caractéristique de ce congrès singulier. A elle seule, elle renferme tout un programme. « La politique des mains nettes, » en effet, est la base de tout un système. Système vraiment français! Politique vraiment méditerranéenne, que la France royale a poursuivie souvent avec bonheur, et qui portera bonheur également à la France républicaine.

*
* *

Aussi cette politique a-t-elle déjà porté ses fruits. Dans les divers incidents qui, depuis un an, ont surgi en Tunisie et en Égypte, il y a toujours eu, entre les gouvernements anglais et français, échange mutuel de bons procédés. Or, tout accord entre la France et l'Angleterre ne peut être jamais que favorable à l'Orient. Tout accord entre l'Angleterre et la France ne peut qu'accentuer cette « politique méditerranéenne », dans laquelle l'Orient régénéré, et redevenu florissant, doit jouer un rôle si considérable.

Déjà, le sultan Abdul-Hamid paraît l'avoir compris. Chargée de préparer l'organisation de la Roumélie-Orientale, la commission européenne a, paraît-il, fait choix d'un ancien officier supérieur de l'armée française pour commander la gendarmerie et les milices de cette province à laquelle le sultan a promis d'accorder une administration autonome (1).

Si l'accord des puissances parvient à empêcher l'explosion insurrectionnelle que les Russes fomentent en

(1). Par son iradé du mois de mai dernier, le Sultan a, en effet, nommé M. Vitalis au commandement ou chef de la gendarmerie et des milices rouméliotes; mais après avoir lutté près de quatre mois, contre l'insubordination systématique des commandants de ces *drouginas* (bataillons), orga-

Roumélie, on ne peut douter que le sultan, reconnaissant, ne se sente disposé à plus de confiance, et n'accueille alors cordialement les conseils que lui donnera la France.

Quel plus beau rôle pour un jeune souverain au cœur noble et généreux, que celui de se constituer le promoteur de la régénération d'un grand empire, et de travailler à assurer le bonheur des peuples à la tête desquels sa naissance l'a placé !

*
* *

Tout amoindri qu'il soit aujourd'hui à la suite d'une guerre désastreuse, l'empire ottoman n'en possède pas moins encore des territoires immenses, admirablement situés, et recélant des richesses vraiment incalculables.

A elle seule, l'Asie-Mineure pourrait former un empire de premier ordre. Dans l'antiquité, elle fut parfois divisée en bien des royaumes, qui tous ont marqué par leur prospérité et leurs richesses : mais l'empire ottoman ne possède pas seulement l'Anatolie.

Il possède encore, en Afrique, une province d'une

---

nisés par les Russes pendant leur séjour, le général Vitalis a dû prendre la résolution de donner sa démission.

Le Sultan vient de nommer à sa place Streckter-Pacha allemand, depuis de longues années au service de la Porte, mais en même temps, il a voulu attacher à sa personne le général Vitalis-Pacha, en qualité d'aide-de-camp.

importance capitale, autant par l'étendue de ses côtés sur la Méditerranée, et par la proverbiale fertilité de son promontoire cyrénéen, que par l'heureuse situation du Fezzan, — l'antique *Phasania* des Romains, — qui la rend presque limitrophe de la région soudanienne du lac Tsâd.

Là, peut se trouver pour l'empire ottoman une ample et magnifique compensation de la perte de ses provinces danubiennes. Là vivent plus de vingt millions de noirs, au milieu d'un territoire arrosé par des pluies périodiques, et riche de tous les produits des pays tropicaux.

Des hommes d'État ottomans tels que l'illustre Midhat, Saïd-Pacha et Cadri-Pacha, ces deux derniers actuellement encore ministres du sultan, ont eu il y a quelques années connaissance du projet, par nous depuis longtemps étudié, concernant la Tripolitane, et *visant* le Soudan. Tout de suite ils en comprirent l'importance.

Au moment même où il tomba en disgrâce, Midhat le voulait réaliser, et nul doute que, sans sa chute, il n'eût tenu à honneur de donner à l'empire ottoman cette gloire et ces profits. Lorsqu'il y a dix-huit mois, il toucha barre à Paris avant d'aller habiter Londres, nous avons eu sur ce sujet avec l'ex-grand-vizir un long et très intéressant entretien. Midhat le résuma en nous disant : « *Vous avez raison. Nos lois actuelles sont suffisantes. Ce qu'il faut à l'Orient, c'est une bonne administration locale, ce sont de bons gouvernements provinciaux. Tout est là!* »

Et de fait Midhat lui-même l'a déjà bien prouvé. Son administration en Bulgarie et à Bagdad a laissé dans ces provinces des traces ineffaçables. Aussi sommes-nous certain que, s'il n'est pas entravé, il va réussir de même à Damas. Midhat est *débrouillard*, pour nous servir d'une expression bien connue dans l'armée française. Aujourd'hui, la Crète est tranquille; mais si ses habitants, chrétiens et musulmans, vivent en paix et se disent heureux; s'ils se réjouissent d'avoir suivi les précieux conseils de Moukhtar et de Midhat, c'est qu'ils ont reçu du sultan un gouverneur intelligent, actif et intègre dans la personne de l'éminent Photiadès.

Après Midhat, nous nous permettrons donc de dire nous-même : une bonne administration locale, de bons gouvernements provinciaux, là est pour l'empire ottoman non seulement le salut, mais la prospérité.

*
* *

Sous l'initiative du Sultan, et *dirigée par des mains européennes*, l'administration de la Tripolitane pourra mettre en valeur les innombrables richesses naturelles que renferme cette province.

Vraie clé du Soudan, la Tripolitane permet d'atteindre assez facilement la région soudanienne du lac

Tsâd, et de l'ouvrir d'une manière permanente au commerce général des nations.

La réalisation d'une telle oeuvre sera la gloire du Sultan Abdul-Hamid. Repeuplée par les noirs du Soudan, la Tripolitane fortifiera l'empire ottoman, et contribuera en même temps dans la plus large mesure à la prospérité et à la richesse de toutes les autres nations européennes.

LE « FARA DÀ SE » DE L'ORIENT

29 octobre 1879.

Octobre, en nos contrées, est le mois des semailles. A cette époque de l'année, le laboureur confie à la terre le grain que le soleil du printemps prochain se chargera de faire mûrir. Ainsi semble prendre coutume de faire l'homme d'État qui s'est donné l'écrasante tâche d'asseoir au centre de l'Europe son « empire continental ». Aujourd'hui, la presse de toutes les nations commence à discuter les termes, la signification et les conséquences de l'accord que viennent de conclure les chanceliers des deux empires d'Allemagne et d'Autriche.

Un nouveau grain vient d'être par le prince de Bismarck déposé dans la terre. Pendant l'hiver il germera ; puis, au printemps, nous le verrons jaillir du sol et s'épanouir au soleil.

L'année 1880 semble donc destinée à assister au deuxième acte du « drame oriental », alors que sur le premier acte la toile vient à peine de s'abaisser. Notre mémoire est toute pleine encore des sanglantes péripéties de ce premier acte. Il fut lui-même précédé d'un prologue, dans lequel parurent seuls ces pauvres et infortunés comparses, les Herzégoviens, les Bulgares, les Bosniaques, les Serbes et les Monténégrins, sortes de marionnettes mues par des fils qu'on disait venir de Moscou.

Puis, la Russie entra en scène, et le drame commença à prendre les plus colossales proportions. Pourquoi la Roumanie apparut-elle alors comme une confidente tragique? C'est ce que nous ne chargerons pas d'expliquer. Toujours est-il que, dans ce premier acte, le panslavisme seul eût la parole, qu'il parla très haut et qu'il frappa très fort. Un instant même on pût croire que le drame n'aurait qu'un seul acte et que nous touchions au dénouement; mais c'eût été sans doute contraire aux traditions scéniques. Aussi les spectateurs qui s'attendaient au triomphe du panslavisme, virent-ils avec étonnement la Russie s'arrêter tout à coup presque sous les murs de Constantinople, et n'oser pas, quoique victorieuse, essayer d'y pénétrer...

Un traité de paix fut signé alors entre les plénipotentiaires du tzar et ceux du sultan ; mais il fallut à ce traité la sanction de l'Europe, et le congrès de Berlin modifia tellement l'acte signé à San-Stefano, que cet acte doit être considéré comme annulé et déchiré.

*
* *

Sous la pression de l'Europe, la Russie venait enfin d'adhérer au maintien de l'empire ottoman. Elle l'avait fait du reste d'assez mauvaise grâce. Des paroles fort peu courtoises furent à cette occasion prononcées par le rude président du congrès. Cette soumission de la Russie à la volonté de l'Europe causa à Moscou une déception profonde. Grande fut alors la colère des panslavistes ! Mais résister à l'Europe eût été en ce moment-là une folie telle, que personne n'osât la tenter.

Aussitôt que la Russie se fut inclinée, le congrès parut avoir accompli sa tâche. La solution de toutes les autres questions orientales fut comme bâclée, tant le président du congrès avait hâte, disait-il lui-même, d'aller se reposer à Varzin ; aussi les plénipotentiaires ne tardèrent-ils pas à se séparer.

Depuis seize mois, lentement, et certes avec un regret fort amer, la Russie s'est mise à exécuter les engagements qu'elle avait contractés envers l'Europe. Pendant ce temps, mandataire du congrès, l'Autriche envoyait son armée occuper la Bosnie. Une lutte s'engagea aussitôt entre ses soldats et les énergiques habitants de cette province. Lutte courte, mais sanglante. Aujourd'hui, la Bosnie peut être considérée comme à peu près pacifiée. Ainsi, à l'heure présente, sauf de la part du sultan, que des difficultés très graves et très complexes ont empêché jusqu'à ce jour de réaliser dans ses états tout ce qu'il a promis à l'Europe, le traité de Berlin se trouve-t-il exécuté dans ses principales et plus urgentes dispositions.

Pourquoi donc l'opinion publique s'émeut-elle si vivement de l'accord *spécial* que viennent de conclure les deux chanceliers d'Allemagne et d'Autriche? Pourquoi donc les Russes, qui s'étaient inclinés devant la volonté de l'Europe, paraissent-ils s'irriter tant de ce que l'Allemagne et l'Autriche viennent de s'entendre pour assurer le respect des prescriptions du traité de Berlin?

C'est que, de toutes parts, l'on croit fort peu à la durée de ce traité. C'est que, partout, l'on soupçonne le prince de Bismarck de vouloir l'absorption de la Turquie d'Europe au profit exclusif de la race allemande.

C'est que, si l'Europe s'est effrayée du panslavisme, elle s'épouvante maintenant du pangermanisme; et vraiment l'Europe a bien raison de s'épouvanter, car le panslavisme ne menace que l'Orient, tandis que le pangermanisme menace tout à la fois l'Orient et l'Occident.

*
* *

Nous admettons volontiers que le traité de Berlin n'aura qu'une existence éphémère, sans croire pourtant qu'il soit déjà à la veille de tomber en caducité ; mais ce qui vient réellement de mourir pour ne ressusciter plus, c'est cette fameuse alliance des « trois empires », qui paraissait au prince de Bismarck si précieuse !

Devons-nous penser que l'accord actuel de l'Allemagne et de l'Autriche sera plus solide, et qu'il durera plus longtemps ? Non, car les deux empires ont des intérêts politiques et commerciaux absolument contraires ; mais ce que l'Europe doit craindre, cependant, c'est que l'accord conclu le 15 octobre ne soit qu'un pas de plus dans la voie des complaisances aveugles, si tristement suivie par le comte Andrassy ; c'est que l'Autriche ne soit peu à peu réduite au rôle de simple satellite de l'empire germanique.

Peut-être qu'à l'exemple des Piémontais, des Toscans et des Napolitains faisant à l'unité italienne le sacrifice de leur autonomie, nous verrons les Autrichiens faire à l'unité allemande le même sacrifice ; mais comment penser que jamais les fiers Hongrois permettront au roi de la Hongrie de n'être plus que l'humble vassal du grand empereur d'Allemagne ?

Le pangermanisme court donc grand risque d'échouer dans ses entreprises sur l'Autriche, précisément parce que les Hongrois n'accepteront jamais son joug. Aussi, l'absorption de l'Autriche, sans doute méditée déjà par le prince de Bismarck, ne sera-t-elle tentée réellement et poursuivie au grand jour que... plus tard. Pour le moment, il doit importer beaucoup au chancelier allemand que toutes les forces de l'empire austro-hongrois restent unies et compactes, afin que sous prétexte de les opposer au panslavisme récalcitrant, il puisse pousser l'Autriche à prendre en Turquie une position *prépondérante*; mais les Hongrois sauront certainement contre carrer cette tactique prussienne, trop fidèlement, du reste, copiée sur la tactique moscovite dont les Roumains viennent d'être victimes.

*
* *

L'heure d'agir est donc venu pour la Hongrie! Que les Hongrois s'efforcent de tirer parti de leur légitime influence en Autriche pour dégager la politique autrichienne des filets dans lesquels Berlin la veut envelopper! A l'accord, si fragile, conclu le 15 octobre dernier par les deux chanceliers, que la Hongrie substitue un accord plus solide, parce qu'il sera plus logique, entre l'empire austro-hongrois et la Roumanie!

Il faut qu'à Vienne, à Pesth et à Bucarest, Autrichiens, Hongrois et Roumains se tiennent désormais unis avec un seul et même programme : L'ORIENT AUX ORIENTAUX!

Aucune race exotique, aucune puissance étrangère ne doit absorber l'Orient. La Turquie d'Europe ne doit devenir ni russe, ni allemande, pas plus que la Turquie d'Asie ne doit devenir une colonie anglaise.

C'est aux Orientaux à faire eux-mêmes leurs propres affaires.

La stricte et complète exécution de ce programme sera certainement le salut pour l'Orient ; peut-être même sera-t-elle aussi le salut pour l'Occident.

UN NOUVEAU MARCHÉ POUR L'EUROPE.

Quelle époque singulière que la nôtre!

Jamais, en aucun siècle, la science n'avait fait de tels progrès! Jamais l'industrie n'avait réalisé de tels prodiges! Jamais le commerce n'avait acquis de tels développements! Jamais, grâce à la vapeur et à l'électricité, les relations n'avaient été si faciles et si multipliées! Or, voici que peu à peu un malaise général est venu arrêter l'essor de l'industrie; voici qu'une espèce de paralysie est venue frapper le commerce. Partout des grèves! partout des chômages! Et au moment même où la voix généreuse du vieux poète, s'obstine à vaticiner une « fraternité européenne » voici qu'au nom des intérêts les plus chers de leurs peuples, les gouvernements s'efforcent de barricader leurs frontières contre l'invasion des produits des pays voisins. Aussi le peut-on prédire sûrement : la guerre « à coups de tarifs » ne tardera pas à dégénérer en guerre « à coups de canon ».

Rappelez-vous cette page sombre de l'histoire encore récente de la grande République américaine. C'est le fameux tarif Morill qui, dans les États de l'Union, a mis le feu aux poudres; c'est lui, surtout lui, qui a fait éclater cette épouvantable guerre de la sécession dont l'Amérique, après seize ans, n'est point encore remise! De même il en sera pour notre Europe. Une conflagration générale couve, qui ne laissera après elle que des deuils et des ruines.

Comment pourrait-il en advenir autrement? La lutte pour l'existence, la lutte pour la vie, n'est-elle pas la loi des nations, tout comme elle est la loi des individus?

*
* *

Ceux qui dans chaque pays veulent protéger le travail national, ont certes grandement raison. Il est prudent pour chaque nation de combiner toutes choses de telle manière qu'en cas de guerre, les subsistances et la défense soient assurées.

Ceux qui, dans chaque pays, veulent développer le travail national par l'importation des matières premières, et par l'exportation des produits fabriqués, ceux-là ont également raison. Il est utile pour chaque nation que son commerce et son industrie puissent rayonner le plus librement possible; mais là où les protectionnistes comme les libre-échangistes ont également tort, c'est lorsqu'ils s'acharnent, l'on pourrait dire, à se battre sur le corps de l'Europe, comme si l'Europe était tout, et le reste du monde presque rien.

N'est-ce pas le contraire qui est vrai? L'Europe est petite, tandis que le monde est si grand!...

Libre-échangistes et protectionnistes, cessez donc de ne considérer que l'Europe! Envisagez surtout le monde! Et aussi, lisez, méditez l'histoire!

L'histoire vous dira que, sous la conduite de leur reine Didon, à la suite de commotions politiques, fruits d'une situation économique difficile, des Phéniciens s'embarquèrent et vinrent fonder sur la côte africaine cette ville et cet empire de Carthage, dont la puissance devint si grande, dont le commerce et les richesses devinrent si considérables.

L'histoire vous dira que, lorsque la Grèce se débattait dans des luttes intestines et stériles, la Pythie de Delphes rendit un jour l'oracle suivant : « Ceux qui n'iront dans la fertile Libye qu'après le partage des terres, auront sujet de s'en repentir. » A ce conseil, les Grecs obéirent aussitôt. Ils s'embarquèrent en foule, et allèrent fonder sur les côtes de la Libye ce royaume de Cyrène dont les destinées furent, pendant des siècles, si brillantes, et dont les richesses enrichirent tant la Grèce elle-même.

L'histoire vous dira encore qu'à la voix d'un homme de génie, notre illustre saint Bernard, l'Europe du moyen âge qui se fatiguait, qui s'épuisait dans l'anarchie, s'ébranla tout à coup et alla se ruer tout entière sur l'Orient. « Chaque croisade a échoué, dit Joseph de Maistre; toutes réussirent. » — Politiquement, elles facilitèrent la fédération de l'Europe sous cette forme embryonnaire qui eût nom : la République des États Chrétiens, la Chrétienté. — Économiquement, elles donnèrent un essor prodigieux au commerce, à l'industrie, et même aux beaux-arts dans tout l'Occident.

L'histoire vous dira enfin que l'Europe, appauvrie par les luttes sanglantes des quinzième et seizième siècles trouva dans l'Amérique un champ providentiel immense qui alimenta copieusement son commerce et son industrie. La découverte de l'Amérique, en effet, a plus que centuplé les richesses de toutes les nations occidentales de l'Europe.

*
* *

Cependant, peut-être va-t-on nous objecter qu'aujourd'hui, il n'y a plus d'Amérique a découvrir!

A cela nous répondrons : l'Europe du dix-neuvième siècle, si elle le veut, trouvera mieux encore que n'a trouvé l'Europe du quinzième siècle. En face d'elle, presque à portée de sa main, n'a-t-elle pas l'Afrique?

L'Afrique, hier encore inconnue, mais déjà pressentie; l'Afrique aujourd'hui entrevue assez pour pouvoir être appréciée comme elle le mérite; l'Afrique avec les richesses incalculables que renferme un sol encore vierge; l'Afrique avec ses mines d'or, de diamants, de cuivre, de rubis; l'Afrique avec ses montagnes de guano; l'Afrique avec son arbre à beurre; l'Afrique avec ses immenses gisements de natron (1); l'Afrique avec le coton longue-soie du Soudan; l'Afrique avec l'ivoire de ses éléphants et les plumes de ses autruches; l'Afrique avec ses deux cents millions de noirs à civiliser et à pourvoir de tout; l'Afrique peut sûrement devenir pour les Européens de nos jours un marché d'importation et d'exportation bien autrement considérable que ne le fut l'Amérique pour les Européens des trois derniers siècles.

Alors, ni la vapeur, ni l'électricité n'étaient soumises à l'homme. Alors, les communications étaient difficiles, car les voyages étaient très longs et très périlleux. Alors, il fallait plusieurs mois pour aborder la terre du Nouveau-Monde, ou pour en revenir.

Eh! bien, songez que de nos jours, avec les moyens mis par la science au service de l'homme, Tim-Bouktou ou le lac Tsâd peuvent n'être plus qu'à trois ou quatre fois vingt-quatre heures de la Méditerranée! Or, dire : Tim-Bouktou, et surtout dire : le lac Tsâd, c'est dire une région peuplée de peut-être cinquante millions de noirs, c'est dire : le Soudan.

Le Soudan! Quiconque, depuis vingt ans, étudie

(1) Le natron, *sesqui-carbonate de soude naturel*, se trouve principalement dans le Fezzan, et dans la région du lac Tsâd.

la science géographique et l'économie sociale, connaît suffisamment cette région soudanienne révélée à l'Europe par René Caillié, Barth, etc., etc., et dans ces derniers temps par le docteur Nachtigal, MM. Gerhard Rholfs et Paul Soleillet.

Le Noir du Soudan est bien supérieur au « Nigritien » de l'Afrique australe. Il ne vit pas barricadé dans ces kraals primitifs des Zoulous qu'une guerre récente vient de populariser. Le Soudanien vit dans des villes qui comptent parfois cinquante milles âmes. Il y habite des maisons à plusieurs chambres; les portes en sont peintes et même sculptées. Il possède des meubles, il s'habille de cotonnade, mais ses chefs et leurs femmes sont vêtus de soie, de mousseline et de velours.

Les Soudaniens habitent aussi au milieu des champs dans des hameaux ou des fermes. Ils cultivent la terre; ils savent tisser, forger, tanner, teindre les étoffes et les peaux. Ils ne sont pas encore civilisés, mais déjà ils ne sont plus sauvages. Vraiment, les Soudaniens nous paraissent presque mûrs pour la civilisation. Or, la civilisation, au point de vue économique, c'est pour l'homme comme pour la femme, une sorte d'extension indéfinie des besoins.

Donc, tout d'abord, le Soudan sera pour l'Europe un marché d'importation. Déjà, par le Niger et par le Maroc, les Anglais fournissent aux noirs ces cotonnades teintes de la couleur nationale du Soudan, qui est le bleu: mais le jour où la région soudanienne sera mise en communication directe et rapide avec la

Méditerranée, dès ce jour-là, ce sont nos filatures normandes qui, pour longtemps, n'auront plus à redouter de chômages.

Expédiées de France, les cotonnades bleues seront au Soudan troquées contre des balles de ce coton longue-soie, aussi fin que celui de la Géorgie, et qui pousse naturellement sur la terre soudanienne. Marseille, devenue alors entrepôt de coton de premier ordre, ne tardera pas à égaler Liverpool...

*
* *

Ce que nous venons de dire pour le commerce et pour l'industrie de la France, nous le pouvons dire également et aussi justement pour le commerce et pour l'industrie des autres nations européennes. C'est en faveur de l'Europe entière, c'est en faveur du commerce de toutes les nations, que doit être ouverte l'Afrique centrale, que doit être ouvert le Soudan.

Libre-échangistes et protectionnistes, comprenez-vous maintenant ce que vous avez à faire ? L'heure ne vous semble-t-elle pas venue d'avoir recours aux hommes d'action, pour qu'ils associent le Soudan à la civilisation européenne, et pour qu'ils fassent entrer la région soudanienne dans l'orbite du commerce mondial ?

De nos jours, la Pythie de Delphes rendant des

oracles ne provoquerait sans doute que des sourires railleurs; mais, au nom de l'histoire, au nom de la science, au nom de l'humanité, au nom des ouvriers de notre Europe, comme au nom des malheureux noirs du Soudan, aujourd'hui encore victimes de la *traite* infâme, nous osons, voué que nous sommes depuis plus de dix ans à la solution de cette grave question de l'Afrique centrale, qui est la pensée de notre vie, et *sachant par quels moyens pacifiques la résoudre*, nous osons dire aux gouvernements, comme aux industriels et aux commençants : l'*Afrique renferme en son sein le remède à la crise économique qui désole actuellement l'Europe.*

L'Afrique centrale ouverte, le Soudan ouvert, c'est le travail assuré pour longtemps aux ouvriers européens : C'EST POUR L'EUROPE LA PAIX SOCIALE!

TABLE

Avant-propos. I
La Méditerranée. 1
L'empire Ottoman. 7
Où est l'Europe ? 19
Le Soudan. I. 31
Le Soudan. II. 41
Chrétiens et Musulmans. 53
Constantinople. 65
La question chinoise. 79
Les chemins de fer continentaux. 91
Fondation d'une école libre du génie colonial. . . 103
La France et l'Orient méditerranéen. 117
Le « Fara dà se » de l'Orient. 129
Un nouveau marché pour l'Europe. 137

Paris. — E. DE SOYE et FILS, imprimeurs, place du Panthéon, 5.

10

www.ingramcontent.com/pod-product-compliance
Ingram Content Group UK Ltd.
Pitfield, Milton Keynes, MK11 3LW, UK
UKHW022111260726
13993UKWH00001B/456